新汉语水平考试大纲
HSK 五级

国家汉办/孔子学院总部　编制

商务印书馆

2010 年·北京

新汉语水平考试（HSK）研发小组

组　　长：许　琳

副组长：胡志平　马箭飞

成　　员：（按姓氏笔画顺序排列）

王　蕊	王世华	王学松	过晔青	刘　莉	刘超英
杨　翊	杨　巍	杨秀梅	杨承青	李　英	李　泉
李亚男	李肖颖	肖　敏	肖佳佳	吴中伟	何卫苹
佟光武	邱　宁	张泉慧	张晋军	张铁英	张新月
张慧君	陆庆和	陈　珵	陈宝会	陈俊丽	苗　艳
罗　民	周高宇	赵　悦	赵灵山	姚喜双	聂瑞麟
徐　弘	唐　煜	韩宝成	程　缅	程爱民	谢小庆
谢欧航	解妮妮	潘先军			

前　言

新汉语水平考试（HSK）是国家汉办组织中外汉语教学、语言学、心理学和教育测量学等领域的专家，充分调查、了解海外汉语教学实际情况，考虑了普通汉语学习者和专业汉语学习者、来华汉语学习者和非来华汉语学习者的差异，在吸收原有HSK的优点，借鉴近年来国际语言测试研究最新成果的基础上，以《国际汉语能力标准》为依据，推出的一项国际汉语能力标准化考试。它遵循"考教结合"的原则，目的是"以考促教""以考促学"，它不仅关注评价的客观性、准确性，关注考生的现有水平，而且重视鼓励考生的策略，重视怎样进一步提高、发展考生的汉语能力。同时，新HSK保持了原HSK的功用性，其成绩仍然可作为来华留学和企业等用人的重要依据。

2009年5月30日，新汉语水平考试HSK（一级）、（二级）在全球39个国家、72个孔子学院举办，共有3696名考生参加了考试。新考题受到了前所未有的热烈欢迎。

各国的反馈与新HSK的设计初衷是一致的。新HSK努力使自己成为考生汉语学习道路上的"跳板"，而非"绊脚石"；其难度是考生努力跳一跳就触手可及的，而非高不可攀的；是受考生普遍欢迎的，而非令考生望而生畏的；是鼓励性的，而非淘汰性的。

为了实现这些要求，新HSK增加了考试等级，提供6个等级的笔试，扩大了考试的覆盖面；提供与笔试相互独立的3个等级的口试，加强对听说能力的考查；确定具体的词汇量，明确考试目标；在试卷中使用图片，增加趣味性，更贴近交际实际；在HSK（一级）、（二级）试题上标注拼音，降低汉字认读难度。

相比于旧HSK，新HSK有很多变化。这些变化是适应汉语国际推广新形势需求而形成的，有利于考试规模的扩大，有利于汉语在海外的推广，有利于"汉语热"的持续升温，有利于增进世界各国对中国的了解，因而是顺应潮流的。"穷则变，变则通。"旧HSK为求"通达"而"变"为新HSK，新HSK常新，则一定能闯出新天地，并创造出更大的天地。

编　者

2009年9月11日

目　录

新汉语水平考试（HSK）介绍

为使汉语水平考试（HSK）更好地服务于汉语学习者，中国国家汉办组织中外汉语教学、语言学、心理学和教育测量学等领域的专家，在充分调查、了解海外汉语教学实际情况的基础上，吸收原有 HSK 的优点，借鉴近年来国际语言测试研究最新成果，推出新汉语水平考试（HSK）。

一、考试结构

新 HSK 是一项国际汉语能力标准化考试，重点考查汉语非第一语言的考生在生活、学习和工作中运用汉语进行交际的能力。新 HSK 分笔试和口试两部分，笔试和口试是相互独立的。笔试包括 HSK（一级）、HSK（二级）、HSK（三级）、HSK（四级）、HSK（五级）和 HSK（六级）；口试包括 HSK（初级）、HSK（中级）和 HSK（高级），口试采用录音形式。

笔试
HSK（六级）
HSK（五级）
HSK（四级）
HSK（三级）
HSK（二级）
HSK（一级）

口试
HSK（高级）
HSK（中级）
HSK（初级）

二、考试等级

新 HSK 各等级与《国际汉语能力标准》《欧洲语言共同参考框架（CEF）》的对应关系如下表所示：

新 HSK	词汇量	国际汉语能力标准	欧洲语言框架（CEF）
HSK（六级）	5000 及以上	五级	C2
HSK（五级）	2500		C1
HSK（四级）	1200	四级	B2
HSK（三级）	600	三级	B1
HSK（二级）	300	二级	A2
HSK（一级）	150	一级	A1

通过 HSK（一级）的考生可以理解并使用一些非常简单的汉语词语和句子，满足具体的交际需求，具备进一步学习汉语的能力。

通过 HSK（二级）的考生可以用汉语就熟悉的日常话题进行简单而直接的交流，达到初级汉语优等水平。

通过 HSK（三级）的考生可以用汉语完成生活、学习、工作等方面的基本交际任务，在中国旅游时，可应对遇到的大部分交际任务。

通过 HSK（四级）的考生可以用汉语就较广泛领域的话题进行谈论，比较流利地与汉语为母语者进行交流。

通过 HSK（五级）的考生可以阅读汉语报刊杂志，欣赏汉语影视节目，用汉语进行较为完整的演讲。

通过 HSK（六级）的考生可以轻松地理解听到或读到的汉语信息，以口头或书面的形式用汉语流利地表达自己的见解。

三、考试原则

新 HSK 遵循"考教结合"的原则，考试设计与目前国际汉语教学现状、使用教材紧密结合，目的是"以考促教""以考促学"。

新 HSK 关注评价的客观、准确，更重视发展考生汉语应用能力。

新 HSK 制定明确的考试目标，便于考生有计划、有成效地提高汉语应用能力。

四、考试用途

新 HSK 延续原有 HSK 一般（或通用）汉语能力考试的定位，面向成人汉语学习者。其成绩可以满足多元需求：

1. 为院校招生、分班授课、课程免修、学分授予提供参考依据。
2. 为用人机构录用、培训、晋升工作人员提供参考依据。
3. 为汉语学习者了解、提高自己的汉语应用能力提供参考依据。
4. 为相关汉语教学单位、培训机构评价教学或培训成效提供参考依据。

五、成绩报告

考试结束后 3 周内，考生将获得由国家汉办颁发的新 HSK 成绩报告。

HSK（五级）介绍

HSK（五级）考查考生的汉语应用能力，它对应于《国际汉语能力标准》五级、《欧洲语言共同参考框架（CEF）》C1 级。通过 HSK（五级）的考生可以阅读汉语报刊杂志，欣赏汉语影视节目，用汉语进行较为完整的演讲。

一、考试对象

HSK（五级）主要面向按每周 2-4 课时进度学习汉语两年以上，掌握 2500 个常用词语的考生。

二、考试内容

HSK（五级）共 100 题，分听力、阅读、书写三部分。

考试内容		试题数量（个）		考试时间（分钟）
一、听力	第一部分	20	45	约 30
	第二部分	25		
二、阅读	第一部分	15	45	40
	第二部分	10		
	第三部分	20		
三、书写	第一部分	8	10	40
	第二部分	2		
填写答题卡				10
共计	/	100		约 120

全部考试约 125 分钟（含考生填写个人信息时间 5 分钟）。

1．听力

第一部分，共 20 题。每题听一次。每题都是两个人的两句对话，第三个人根据对话问一个问题，试卷上提供 4 个选项，考生根据听到的内容选出答案。

第二部分，共 25 题。每题听一次。这部分试题都是 4 到 5 句对话或一段话，根据对话或语段问一个或几个问题，试卷上每题提供 4 个选项，考生根据听到的内容选出答案。

2．阅读

第一部分，共 15 题。提供几篇文字，每篇文字中有几个空格，空格中应填入一个词语或一个句子，每个空格有 4 个选项，考生要从中选出答案。

第二部分，共 10 题。每题提供一段文字和 4 个选项，考生要选出与这段文字内容一致的一项。

第三部分，共 20 题。提供几篇文字，每篇文字带几个问题，考生要从 4 个选项中选出答案。

3．书写

第一部分，共 8 题。每题提供几个词语，要求考生用这几个词语写一个句子。

第二部分，共 2 题。第一题提供几个词语，要求考生用这几个词语写一篇 80 字左右的短文；第二题提供一张图片，要求考生结合图片写一篇 80 字左右的短文。

三、成绩报告

HSK（五级）成绩报告提供听力、阅读、书写和总分四个分数。总分 180 分为合格。

	满分	你的分数
听力	100	
阅读	100	
书写	100	
总分	300	

HSK 成绩长期有效。作为外国留学生进入中国院校学习的汉语能力的证明，HSK 成绩有效期为两年（从考试当日算起）。

国家汉办/孔子学院总部
Hanban/Confucius Institute Headquarters

新汉语水平考试

HSK（五级）样卷

注　意

一、HSK（五级）分三部分：

    1．听力（45题，约30分钟）

    2．阅读（45题，40分钟）

    3．书写（10题，40分钟）

二、答案先写在试卷上，最后 **10** 分钟再写在答题卡上。

三、全部考试约 125 分钟（含考生填写个人信息时间 5 分钟）。

中国　北京　　　　　　　　　　国家汉办/孔子学院总部　编制

一、听 力

第 一 部 分

第 1-20 题：请选出正确答案。

1. A 9点太早了
   B 他不会迟到
   C 可能不参加
   D 应该早点儿来

2. A 吃惊
   B 遗憾
   C 兴奋
   D 难过

3. A 不成功
   B 对方很满意
   C 价格已经谈好
   D 需要降低价格

4. A 下个星期
   B 月底
   C 下个月
   D 明年

5. A 怕冷
   B 没吃饭
   C 不想出去
   D 要去散步

6. A 去送她妈妈
   B 继续找项链
   C 送妈妈项链
   D 出去买项链

7. A 很有收获
   B 来的专家很少
   C 希望能去听讲座
   D 希望能学到一些东西

8. A 开车很熟练了
   B 买了一辆新车
   C 想多练习倒车
   D 还没拿到驾照

9. A 睡眠不好
   B 身体很好
   C 是位大夫
   D 不相信中医

10. A 我
    B 领导
    C 小张
    D 小张和我

11. A 他们在找人
    B 他们来晚了
    C 男的记错时间了
    D 看比赛的人很多

12. A 亲戚
    B 邻居
    C 朋友
    D 同事

13. A 9月30号
    B 10月1号
    C 10月2号
    D 10月3号

14. A 车站
    B 学校
    C 医院
    D 机场

15. A 缺水
    B 缺阳光
    C 阳光太多
    D 没人照顾

16. A 结账
    B 见律师
    C 谈合同
    D 打电话

17. A 没人解决问题
    B 没什么大问题
    C 问题很难解决
    D 希望得到帮助

18. A 不饿
    B 不想换地方
    C 对海鲜过敏
    D 在讽刺男的

19. A 记者
    B 教练
    C 学生
    D 画家

20. A 早上
    B 中午
    C 下午
    D 晚上

第 二 部 分

第 21-45 题：请选出正确答案。

21. A 他们在饭店
    B 现在是下午
    C 他们在开会
    D 男的想买桌子

22. A 步行
    B 开车
    C 坐地铁
    D 坐公共汽车

23. A 下班晚了
    B 在帮男的装修
    C 自己设计了装修方案
    D 不满意现在的装修效果

24. A 很后悔
    B 脖子不舒服
    C 开始锻炼身体了
    D 觉得自己变老了

25. A 去旅游
    B 获得国际大奖
    C 成为专业摄影师
    D 把五大名山都拍下来

26. A 美术编辑
    B 项目管理
    C 产品推广
    D 市场销售

27. A 年纪不大
    B 不会下象棋
    C 他父亲爱下象棋
    D 60 岁开始下象棋

28. A 海边
    B 沙漠
    C 雪山
    D 动物园

29. A 去接她
    B 收衣服
    C 打车回家
    D 打扫阳台

30. A 电脑坏了
    B 麦克风坏了
    C 麦克风没打开
    D 软件不能下载了

31. A 考试
    B 写作业
    C 踢足球
    D 看球赛

32. A 妈妈同意了
    B 儿子考得不好
    C 儿子没看球赛
    D 妈妈想看电视

33. A 法院
   B 海关
   C 公司
   D 商店

34. A 换个工作
   B 继续合作
   C 身体健康
   D 提高质量

35. A 让他补票
   B 帮他找车票
   C 表示没关系
   D 让他一定找到

36. A 车票很贵
   B 不想麻烦别人
   C 他知道车票在哪儿
   D 想知道自己要去哪儿

37. A 香港
   B 上海
   C 广州
   D 北京

38. A 飞机正在降落
   B 飞机已经降落
   C 飞机还没起飞
   D 飞机已经起飞了

39. A 他有很多马
   B 他知道马会回来
   C 儿子会把马找回来
   D 他认为马丢了不一定是坏事

40. A 受伤了
   B 独自回来了
   C 跑到国外去了
   D 带着另一匹马回来了

41. A 摔断了腿
   B 不会骑马
   C 还没有成年
   D 要照顾老人

42. A 充满智慧
   B 十分天真
   C 有点糊涂
   D 热爱和平

43. A 4 万
   B 8 万
   C 10 万
   D 12 万

44. A 比赛减少了
   B 观众更少了
   C 球场内不安全
   D 可能导致交通事故

45. A 加宽道路
   B 修一条新路
   C 增加一些演出
   D 减少比赛次数

二、阅 读

第一部分

第46-60题：请选出正确答案。

46-48.

在高速行驶的火车上，有一位老人不小心把刚买的新鞋从窗口掉下去一只，周围的人都觉得很 __46__ 。没想到老人把另一只鞋也从窗口扔了出去。他的行为让周围的人感到很吃惊。这时候，老人笑着 __47__ 说："剩下的那只鞋无论多么好，多么贵，多么适合我穿，可对我来说已经没有一点儿用处了。我把它扔了出去，就有人可能 __48__ 到一双鞋子，说不定他还可以穿呢。"

46．A 浪费　　　B 伤心　　　C 可惜　　　D 痛苦
47．A 解释　　　B 理解　　　C 建议　　　D 思考
48．A 捡　　　　B 选　　　　C 买　　　　D 换

49-52.

孔子是中国古代很有学问的人。有一次路上遇到两个小孩在争论，就走上前去问他们原因。

一个小孩说："我 __49__ 太阳刚出来时离我们比较近，而到了中午，太阳就离我们远了。但是他觉得不对。"

孔子很有兴趣地问道："你们能说说自己的 __50__ 吗？"

那个小孩说："太阳刚出来的时候很大；到了中午，它就变小了。这说明太阳刚出来时离我们近，中午离我们远。"

另一个小孩说："太阳刚出来时， __51__ 不热；到了中午，就很热了。这说明太阳刚出来时离我们远，中午离我们近。"

孔子听了他们的话，一时也不知道该怎么回答。

两个小孩笑着说：" __52__ ？"

49．A 了解　　　B 讨论　　　C 认为　　　D 认识
50．A 态度　　　B 理由　　　C 机会　　　D 思想
51．A 天气　　　B 气候　　　C 温度　　　D 气温
52．A 你说的对吗　　　　　　　　　B 太阳离我们有多远
　　　C 为什么你这么聪明呢　　　　D 谁说你的知识很丰富呢

53-56.

一天晚上，大老鼠带着一群小老鼠出去找 53 吃。在一家人的厨房里，它们在垃圾桶里找到了吃剩的饭菜。当老鼠们准备 54 美食的时候，传来了让它们非常害怕的声音，那是一只大花猫的叫声。老鼠们四处逃跑，大花猫紧追不放。有一只小老鼠跑得太慢，被大花猫捉住了。大花猫刚想吃掉小老鼠，突然听到了狗的叫声，大花猫立刻丢下那只小老鼠逃跑了。这时，大老鼠从垃圾桶后走了出来，对小老鼠们说："我早就对你们说， 55 一门外语非常重要。这次， 56 。"

53．A 消息　　B 东西　　C 办法　　D 原料
54．A 享受　　B 消费　　C 吸收　　D 保存
55．A 珍惜　　B 掌握　　C 寻找　　D 相信
56．A 外语救了你们的命　　　　B 食物对我们更重要
　　C 要有勇气面对困难　　　　D 出门一定要注意安全

57-60.

很多人都喜欢打篮球，但很少有人会想一想为什么篮球架是现在的高度——3.05 米。普通人向上伸手的高度一般可以 57 两米以上，3.05 米正是人们跳一跳够得着的高度。如果篮球架太低，普通人伸手就能够到，那么这项运动就会因为太 58 而失去吸引力。 59 ，人们也会因为它太难而失去对它的兴趣。正是因为现在的高度给了人们努力的机会和成功的希望，才使得篮球 60 一个世界性的体育运动。

57．A 发生　　B 达到　　C 构成　　D 实现
58．A 重要　　B 精彩　　C 容易　　D 普遍
59．A 篮球场太大　　　　　　　B 如果喜欢打篮球
　　C 假如不会打篮球　　　　　D 如果篮球架太高
60．A 成为　　B 作为　　C 属于　　D 具有

第二部分

第 61-70 题：请选出与试题内容一致的一项。

61. 从 1995 年开始，学校每年举行一次演讲比赛，到现在已经是第 15 届了。今年的比赛定在下周六，对于这场比赛，我非常有把握，我要争取发挥出最好水平，你们就等我的好消息吧。

   A 比赛安排在周六下午
   B 我每年都参加这个比赛
   C 我对这次比赛很有信心
   D 这场比赛的水平不是很高

62. 煤和石油目前仍然是人类使用的最重要的能源，然而煤和石油的大量使用，也对地球环境造成了严重的破坏。为了改善我们的环境，寻找新的绿色能源已经成为我们面对的新问题。

   A 环境破坏得到缓解
   B 煤、石油对环境的影响不大
   C 人类已经找到了新的绿色能源
   D 煤、石油目前对人类仍然很重要

63. 鲜嫩的瓜果蔬菜，生着吃比煮熟了吃更有营养，不少人可能都这么想。但专家的最新研究结果却对此观点提出了挑战。他们发现，至少对西红柿来说，熟吃比生吃总体营养价值要高。

   A 西红柿不好吃
   B 西红柿熟吃更有营养
   C 老人应该多吃西红柿
   D 专家主张生吃西红柿

64. 打开电脑，浏览网站，每天人们都在享受信息时代的好处。但是小心，在你轻轻点击鼠标的过程中，无处不在的网络病毒可能已经悄悄进入你的电脑系统中了，有些病毒甚至连杀毒软件都无法将他们删除。

   A 鼠标带有病毒
   B 电脑对人体有害
   C 上网要小心病毒
   D 杀毒软件破坏了电脑系统

65. 11 月，两只中国大熊猫开始了在澳大利亚的新生活。当地居民对它们表现出了极大的兴趣，175 个家庭表示愿意免费拿出自己种的竹子，供大熊猫食用。据了解，动物园所需的 135 名照顾大熊猫的志愿者将全部从当地大学生中选出。

    A 志愿者是中国大学生

    B 大熊猫受到了当地人的欢迎

    C 一些家庭想买竹子给熊猫吃

    D 大熊猫在澳大利亚生活了 11 个月

66. 在衣食住行中，"食"和人们的生活关系最密切。各地气候不同，生长的植物不同，做食物的材料当然也不同，风俗、习惯也大不一样。中国的南方产大米，所以南方人喜欢吃米饭。与此相反，北方产麦子，所以北方人喜欢吃饺子、面条。

    A 北方人喜欢吃米饭

    B 饺子是用大米做成的

    C 南北方的风俗差不多

    D 南北方食物各有特点

67. 从 2003 年开始，中国大陆的手机用户发送的春节祝福短信数量逐年增加。据统计，2009 年春节假期，全国手机短信发送量已超过 180 亿条，而在 2008 年、2007 年，这一数字分别为 170 亿条、152 亿条。短信已经成为人们运用最为广泛的新春祝福方式。

    A 买手机的人越来越少

    B 人们在春节时才发短信

    C 人们过年喜欢用短信表达祝福

    D 2008 年短信发送量是 152 亿条

68. 京剧有近 200 年的历史。京剧在形成过程中，吸收了许多地方戏好的成分，又受到北京方言和风俗习惯的影响。京剧形成于北京，但不仅仅是北京的地方戏，中国各地都有演出京剧的剧团。

    A 京剧只在北方演出

    B 京剧是中国最古老的戏剧

    C 地方戏吸收了很多京剧的成分

    D 地方戏对京剧的形成产生过影响

69. 讲故事的人，往往在最吸引人的地方故意停下来。他这样做的目的，是为了引起大家的好奇心，让人有更大的兴趣听下去。讲故事的人，也可以利用这个机会观察一下大家的态度，以便接下来讲得更好。这种做法，中国人把它叫做"卖关子"。

    A 卖关子可以吸引听众

    B 讲故事的人没有好奇心

    C 讲故事时不应该停下来

    D 听故事的人喜欢卖关子

70. 一个人走在路上，看到前面立着一块牌子，上面写着："此路不通。"可是那条路看起来好像没什么问题，而且前面的风景又非常美，于是那人决定继续往前走。拐了一个弯儿，他发现道路被一堆土堵住了，他不得不往回走。走到刚才的路口时，看见那块牌子背后写着另一句话："相信了吗？"

    A 牌子两面都写着字

    B "此路不通"是假的

    C 那条路堵车堵得很厉害

    D 那个人在路上看到两块牌子

第 三 部 分

第 71-90 题：请选出正确答案。

71-73.

 朋友买了一辆新车。周末，我和他一起去试车。为了试车的性能，我们把车开得很快。"我这辆车虽然不怎么有名，但速度也和那些好车差不多了吧。"朋友高兴地说。这时，前面的车突然停了，朋友急忙刹车，可是车滑行了好长的一段路才停下来，差一点儿撞到那辆车。我和朋友都吓出了一身冷汗。"现在，我终于明白一般车和好车的区别了！"朋友说。

其实，好车和一般车都可以开得很快，但它们在停车速度上却有很大的差别，好车可以更快地停下来。人生不也是这样吗？优秀的人不仅工作起来很有效率，他们也更懂得如何迅速地停下来。对于一件没有前途的事情，尽快地停下来才是最好的选择。

71. 作者和朋友为什么会很害怕？
   A 车开得太快了   B 车停不下来了
   C 车撞到了前面的车   D 车没能很快地停下来

72. 作者的朋友明白了好车：
   A 更省油   B 能开得更快
   C 能停得更快   D 能开得更稳

73. 作者认为优秀的人：
   A 有更好的前途   B 有更好的工作
   C 工作的效果更好   D 更明白如何迅速放弃

74-77.

世界上有三种丈夫：

第一种是不闻不问的丈夫。在你把一件衣服穿了两年之后，他总算注意到了："亲爱的，这是件新衣服吧？"讨论这种丈夫没有什么意义，我们就随便他吧。至少他有一个优点：能够让你自由地打扮。

第二种是理想的丈夫。对你穿的衣服真正地感兴趣，并会提出建议。他能理解时尚，领会时尚，喜欢谈论时尚，知道什么最适合你，以及你最需要什么，他赞美你胜过赞美其他女人。如果你碰到这样一个男人，一定要把他抓住——他可是极为<u>稀有</u>的，很难遇到。

第三种是管得太多的丈夫。他比你自己还清楚你适合穿什么，他决定你现在穿的衣服样式是好还是不好，他决定你应该去哪家商店买衣服。有时候，这种男人的选择会跟上目前的时代，不过大多数时候，他都受他母亲衣着的影响，所以他的眼光——说得客气一点——至少停留在 20 年以前。

74．第一种丈夫：
    A 常给妻子买新衣服　　　　　B 很少注意到妻子的衣服
    C 不太喜欢妻子穿新衣服　　　D 对妻子的衣服有很多要求

75．第 3 段中画线词语"稀有"最可能是什么意思？
    A 适合　　　　　　　　　　　B 真实
    C 非常少　　　　　　　　　　D 容易找到

76．关于第三种丈夫，下列哪项正确？
    A 喜欢赞美妻子　　　　　　　B 常和妻子去商店
    C 很受女人的欢迎　　　　　　D 他的选择经常跟不上时代

77．第三种丈夫在哪方面受到母亲的影响？
    A 性格　　　　　　　　　　　B 穿衣打扮
    C 交际方式　　　　　　　　　D 处理问题的方式

78-82.

　　一天夜里，已经很晚了，一对年老的夫妻走进一家旅馆，他们想要一个房间。服务员回答说："对不起，我们旅馆已经客满了，一间空房也没有剩下。"看着这对老人很累的样子，服务员又说："让我来想想办法。"好心的服务员将这对老人带到一个房间，说："也许它不是最好的，但现在我只能做到这样了。"老人见眼前其实是一间整洁又干净的屋子，就愉快地住了下来。

　　第二天，当他们来交钱的时候，服务员却对他们说："不用了，因为我只不过是把自己的屋子借给你们住了一晚。祝你们旅途愉快！"原来服务员自己一晚没睡。两位老人十分感动，老头儿说："孩子，你是我见到过的最好的旅店经营人，我们会感谢你的。"服务员笑了笑说："这算不了什么。"他送老人出了门，转身接着忙自己的事，把这件事情忘了个一干二净。没想到过了几天，服务员接到了一封信，里面有一张去另外一个城市的机票并有一段简单的留言，请他去做另一份工作。

　　他到了那个城市，按信中所说的路线来到一个地方，抬头一看，一座高级大酒店出现在他的眼前。原来，几个月前的那个深夜，他接待的是这个高级大酒店的老板和他的妻子。老人请他来做这个大酒店的经理，相信他会管理好这个大酒店。

78．根据上文，可以知道服务员：
　　A 有同情心　　　　　　　　　B 工作很轻松
　　C 开始时态度不好　　　　　　D 忘了还有一间房

79．两位老人住的房间：
　　A 很大　　　　　　　　　　　B 是最好的
　　C 费用很高　　　　　　　　　D 是服务员的

80．那天晚上，服务员：
　　A 没有睡觉　　　　　　　　　B 睡得很好
　　C 一直陪着老人　　　　　　　D 去给老人买机票

81．两位老人在旅馆住了多长时间？
　　A 几天　　　　　　　　　　　B 几个月
　　C 一个晚上　　　　　　　　　D 一个多星期

82．两位老人是怎么感谢服务员的？
　　A 送给他一个酒店　　　　　　B 让他去别的城市旅行
　　C 请他管理自己的酒店　　　　D 请他来自己的酒店参观

83-86.

他今年 30 岁，很年轻，在大学学的是法律，却对历史充满了兴趣。5 岁时跟爸爸去逛书店，一本叫《上下五千年》的书吸引了他。那本书定价 5.6 元，而当时爸爸每月的工资才 30 元，但爸爸还是给他买了那本书。在以后的 7 年里，他把这本书看了 11 遍。从此，看历史书成了他的业余爱好。上中学的时候他就读了《二十四史》和《资治通鉴》，这两本书连大学历史系的学生读起来都感到困难，他却一遍又一遍地读。

大学毕业后，他顺利地找到了工作。工作几年后，他突然产生了一个奇怪的想法——重写历史！写历史书从来都是历史学家的事情，而他居然有了这个念头，所以妻子不同意，朋友没有人不反对，就连一直支持他的父母也批评他不好好工作。但他不管别人怎么看，开始动手写自己心中的历史。

2006 年，他在一个网站论坛上用"当年明月"的名字发表了第一篇文章后，便获得了很多人的支持。在大家的支持下，他写出了 140 多万字、共 7 本的《明朝那些事儿》。这些书深受大家欢迎，证明了"当年明月"的那句话："历史应该可以写得很好看。"

83. 根据上文，《资治通鉴》是：
   A 很难读懂的法律书　　　　　　B 很难读懂的历史书
   C 给中学生读的历史书　　　　　D 给大学生读的法律书

84. 关于《明朝那些事儿》，下列正确的是：
   A 明年出版　　　　　　　　　　B 读者很喜欢
   C 写的是作者自己的经历　　　　D 作者的真名是"当年明月"

85. 根据上文，"当年明月"：
   A 对法律没兴趣　　　　　　　　B 对历史很感兴趣
   C 根本不了解历史　　　　　　　D 是从历史系毕业的

86. 上文主要谈的是：
   A "当年明月"　　　　　　　　　B 《明朝那些事儿》
   C 《上下五千年》　　　　　　　D 《二十四史》和《资治通鉴》

87-90.

　　大多数的人永远都嫌自己不够有钱。然而社会学家发现，当人们真正有钱之后，又会抱怨自己没有足够的时间。从很多例子可以看出，越是有钱的人越没有时间，而穷人和那些失业的人，每天闲得难受。

　　人们追求财富，目的是为了让生活过得更好，可奇怪的是，人们一旦有了钱，反而更忙碌，更无法舒舒服服地过日子。

　　当生活不富裕的时候，很多人都想过"等我有了钱以后就可以怎么样怎么样"。在人们的想像中，"有钱"代表自由、独立、随心所欲——夏天可以到海边度假；冬天可以到山上去滑雪。

　　然而，当人们果真富有了，却发现自己根本无法去实现这些梦想——理由永远只有一个："没时间！"不少高收入的人，几乎都是工作狂。

　　看来，"有钱"和"有闲"永远难以两全。难怪有人说："当你年轻、没钱时，希望能用时间去换金钱；当你有钱后，却很难再用金钱买回时间。"

87. 社会学家有什么发现？
　　A 穷人都喜欢工作　　　　　B 越有钱越没时间
　　C 人们生活越来越闲　　　　D 有时间的人最有钱

88. 人们在没钱的时候想的是什么？
　　A 有了钱怎么用　　　　　　B 用金钱买回时间
　　C 怎样得到更多的钱　　　　D 忙的日子是什么样的

89. 为什么人们富裕后却不能实现梦想？
　　A 不愿工作了　　　　　　　B 时间太紧张
　　C 身体不好了　　　　　　　D 不再年轻了

90. 上文主要谈什么？
　　A 穷人和富人　　　　　　　B 时间和金钱
　　C 理想和现实　　　　　　　D 闲人和忙人

三、书 写

第 一 部 分

第 91-98 题：完成句子。

例如：发表   这篇论文   什么时候   是   的

    <u>这篇论文是什么时候发表的？   </u>

91. 大笑   忍不住   起来   他

92. 情绪   听音乐   可以   缓解   紧张的

93. 成功   这次   手术   很

94. 良好的   她   教育   受过

95. 摔   玩具   被   了   坏

96. 水煮鱼   很   老王的   做得   地道

97. 破产的   危险   工厂   面临   那家

98. 上午   任务   一下   要   分配   把

第二部分

第 99-100 题：写短文。

99. 请结合下列词语（要全部使用），写一篇 80 字左右的短文。

元旦、放松、礼物、表演、善良

100. 请结合这张图片写一篇 80 字左右的短文。

HSK（五级）样卷听力材料

（音乐，30秒，渐弱）

大家好！欢迎参加 HSK（五级）考试。
大家好！欢迎参加 HSK（五级）考试。
大家好！欢迎参加 HSK（五级）考试。

HSK（五级）听力考试分两部分，共 45 题。
请大家注意，听力考试现在开始。

第一部分

第 1 到 20 题，请选出正确答案。现在开始第 1 题：

1. 女：明天上午 9 点我准时到。
   男：我觉得还是提前几分钟吧。
   问：男的主要是什么意思？

2. 男：你怎么了？这么高兴！
   女：朋友送了我两张今晚演唱会的门票，这个演唱会我期待很久了！
   问：女的是什么语气？

3. 女：关于产品的价格，对方是什么意见？
   男：价格是关键，如果我们不降低价格，他们恐怕就会放弃和我们合作。
   问：关于这次合作，下列哪项正确？

4. 男：您的作品什么时候能跟读者见面呢？
   女：应该很快了，我已经修改完并交给出版社了，下个月就能出版。
   问：这本书什么时候能出版？

5. 女：外面这么冷，你要去哪儿啊？
   男：我习惯吃完饭以后出去走一走。
   问：关于男的，下列哪项正确？

6. 男：算了，别找了。旧的不去，新的不来。
   女：那怎么行呢，这条项链可是我妈妈送给我的。
   问：女的要做什么？

7. 女：上午的讲座你去听了吗？
   男：去了，很多专家的观点都很独特，我觉得自己学到了很多东西。
   问：男的主要是什么意思？

8. 男：祝贺你，这么快就拿到驾照了。
   女：驾照虽然拿到了，但毕竟是新手，一倒车心里就紧张，我得多练练倒车。
   问：关于女的，可以知道什么？

9. 女：你的失眠好些了么？
   男：还是睡不好，今天打算去看看中医，买些中药试试。
   问：关于男的，可以知道什么？

10. 男：这次的调查报告是由你来写吗？
    女：领导安排我和小张写，我俩一人负责一部分。
    问：调查报告由谁来写？

11. 女：我还说咱们来早了呢，你看这才几点啊，就都快坐满了。
    男：别忘了今天可是决赛啊。
    问：根据对话，可以知道什么？

12. 男：您是新搬来的吧？我就住楼上，有事儿就打个招呼。
    女：好的，以后少不了麻烦您。
    问：他们是什么关系？

13. 女：谢谢你的礼物，真没想到你还记得我的生日。
    男：我的生日正好是十月一号国庆节，第二天就是你的生日，很好记。
    问：女的的生日是哪天？

14. 男：车快开了，我要上车了。
    女：好，祝你一路平安。到了以后给我来电话。
    问：他们最可能在哪儿？

15. 女：我天天给花儿浇水，可是它的叶子怎么反而黄了？
    男：花儿不仅仅需要水分，还需要有充足的阳光。
    问：花儿的叶子为什么变黄了？

16. 男：总算打通了，刚才怎么一直占线？
    女：刚和律师谈合同的事呢，你找我什么事？
    问：他们在做什么？

17．女：小刘，你们公司的资金问题解决得怎么样了？
　　男：您放心，问题解决得差不多了。
　　问：男的是什么意思？

18．男：肚子该饿了吧？附近有一个吃海鲜的地方，很有名，要不我们去那儿吃？
　　女：抱歉，我对海鲜过敏，我们换一个地方吧。
　　问：关于女的，可以知道什么？

19．女：我刚才在路上碰到您太太了。
　　男：她要去学校，今天是高考第一天，她得做专题报道。
　　问：他太太最可能是做什么的？

20．男：妈妈，王子最后把公主救了吗？
　　女：乖宝贝儿，今天就讲到这儿，明天接着讲，快睡觉吧，做个好梦。
　　问：现在最可能是什么时候？

第二部分

第21到45题，请选出正确答案。现在开始第21题：

21．女：您好！欢迎光临。请问您几位？
　　男：三个，我们提前预订了。
　　女：好的，请问先生您怎么称呼？
　　男：我姓李。
　　女：李先生，里面请，靠窗户的那个桌子是给您留的。
　　问：根据对话，下列哪项正确？

22．男：看天气预报了吗？明天天气怎么样？
　　女：有大雾，而且要降温，你明天多穿点儿。
　　男：那你明天上班别开车了。
　　女：不开了，我坐地铁去公司。
　　问：女的明天怎么去上班？

23．女：怎么现在才来？快请进。
　　男：下班时又写了两封邮件，晚了会儿。你的新家装修得真漂亮！找哪家公司设计的？
　　女：是我自己设计的，虽然累了点儿，但是完全是按照我的要求来装修的。
　　男：真不错，下次我家装修，不用请外面的公司了，直接找你。
　　问：关于女的，可以知道什么？

24. 男：最近一段时间，脖子疼得很厉害。
　　女：长时间一个姿势坐在电脑前，脖子肯定会疼的。你应该去锻炼身体！
　　男：我还不到四十岁，等四十岁以后再锻炼吧。
　　女：要珍惜健康，等身体出了问题，就后悔也来不及了。
　　问：男的最近怎么了？

25. 女：这些照片是你拍的吗？真漂亮，都可以做明信片了！
　　男：哪里，我这也就是业余水平。我的愿望是能把中国的五大名山都拍下来。
　　女：你这么喜欢旅游，这个愿望很容易实现的。
　　男：对，只是需要些时间。
　　问：男的有什么愿望？

26. 男：这个项目下个月中旬一定要全部完成，有什么问题吗？
　　女：没什么大问题，但是能不能给我们增加一个美编？那样会更有保证。
　　男：增加美术编辑人员可以，但是要注意多沟通，要提高工作效率。
　　女：明白，谢谢您。
　　问：女的需要哪方面的人员？

27. 女：您下象棋下了多少年了？
　　男：我这辈子都在跟象棋打交道，算起来得超过六十年了吧。
　　女：真厉害！您是怎么爱上下象棋的呢？
　　男：我父亲象棋下得很好，我从小就看他跟别人下棋，慢慢就迷上了。
　　问：关于男的，下列哪项正确？

28. 男：你怎么变得这么黑？出去玩儿了几天，我都快认不出你了。
　　女：都是在海滩上晒的。晒伤了，疼死了。
　　男：既然疼，你还晒？当时没感觉吗？
　　女：当时？当时只觉得太阳晒得挺舒服的。
　　问：女的去哪里玩儿了？

29. 女：喂？你到家了吗？
　　男：到楼下了，马上到家，怎么了？
　　女：要下雨了，阳台上还有好多衣服，你赶紧收一下。
　　男：好的。你没带伞吧？一会儿打车回来吧。
　　问：女的让男的做什么？

30. 男：你帮我看看？怎么录不了音了。
　　女：是吗？我看看。这个软件应该是很好用的。
　　男：是啊，我昨天用还没问题。
　　女：怪不得录不了，你的麦克风还没打开呢。
　　问：根据对话，可以知道什么？

第 31 到 32 题是根据下面一段对话：

男：妈，今天咱们能不能早点儿吃晚饭？
女：为什么？有什么事情吗？
男：晚上七点有世界杯足球比赛，我想看看。
女：又要看球赛，你的作业写完了吗？
男：放心，我早就写完了。
女：下周二你们不是要考试吗？你准备好了吗？
男：妈，没问题，只要您让我看球赛，我一定考出好成绩。
女：真拿你没办法，好吧。

31．儿子今天晚上想要做什么？
32．根据对话，可以知道什么？

第 33 到 34 题是根据下面一段对话：

女：您好，王经理，欢迎来参加我们的宴会。
男：谢谢你们的热情招待。
女：这几年，我们两家公司的合作一直非常好，感谢贵公司对我们的信任。
男：你们的产品质量非常好，我们很满意。
女：希望我们今后能继续合作愉快。
男：好！为了我们的合作成功，干杯！
女：干杯！

33．女的最可能在哪里工作？
34．女的希望怎么样？

第 35 到 36 题是根据下面一段话：

　　一个很有名的作家坐火车去外地。当火车上的工作人员检查车票时，他翻了每个口袋，也没有找到自己的车票。正好这个工作人员认识他，于是就安慰他说："没关系，如果您实在找不到车票，那也没事。""怎么能没事呢？我必须找到那张车票，不然的话，我怎么知道自己要去哪儿呢？"

35．作家找不到车票，工作人员是怎么做的？
36．作家为什么一定要找车票？

第 37 到 38 题是根据下面一段话：

女士们，先生们，欢迎乘坐中国南方航空公司的航班。我们将从北京飞往上海，飞行距离是一千一百公里，空中飞行时间大约是两小时十分钟，飞行高度七千米。为了安全，在飞机起飞和下降过程中请不要使用电脑、电话、游戏机等电子设备。飞机很快就要起飞了，请您坐好，系好安全带。我们将为您提供最周到的服务。谢谢！

37．飞机要去哪个城市？
38．根据这段话，可以知道什么？

第 39 到 42 题是根据下面一段话：

古时候有一个老人。一天，他的一匹马跑到了另一个国家。大家都安慰他，可是他却说："马丢了一定是坏事吗？我看不一定。"果然，不久以后，那匹马带着一匹外国的好马回来了。大家又都跑过来祝贺他。可是老人说："马回来了也不一定是好事啊。"果然，一天早上，老人的儿子骑那匹好马时把腿摔断了。可是，面对大家的同情，老人还是那句话："你们怎么能够马上判断出这是好还是坏呢？"

第二年，发生了战争，所有的成年男人都不得不去当兵，大多数都死在了战场上。可是，老人的儿子由于断了一条腿，留在了家里，保住了自己的命。

39．老人的马丢了，他为什么不难过？
40．老人丢的那匹马后来怎么样了？
41．老人的儿子为什么不去打仗？
42．老人是个什么样的人？

第 43 到 45 题是根据下面一段话：

有家体育场为满足球迷看球的需要，把球场内观众的座位从八万个增加到了十二万个。观看球赛的人多了，体育场的收入也增多了。但是这也带来了一个严重的问题：球场周围的路只能供十万人通行。对于十二万的观众来说远远不够。这样，有重大比赛时，就有可能因为交通堵塞而发生事故。

于是，有人提出把道路加宽，但这至少需要四千万元，体育场一时还拿不出这么多钱。体育场于是鼓励大家出主意，想办法来解决这个问题。人们提出了各种各样的办法，最后，体育场采用了一位音乐家的建议：在比赛结束时，增加一些吸引人的演出，这样有些人会因为要观看演出而多留一会儿，观众在不同的时间离场，道路问题也就解决了。

43．体育场现在有多少个座位？
44．体育场增加座位带来了什么问题？
45．这个问题最后是怎么解决的？

听力考试现在结束。

HSK（五级）样卷答案

一、听 力

第一部分

1．D	2．C	3．D	4．C	5．D
6．B	7．A	8．C	9．A	10．D
11．D	12．B	13．C	14．A	15．B
16．D	17．B	18．C	19．A	20．D

第二部分

21．A	22．C	23．C	24．B	25．D
26．A	27．C	28．A	29．B	30．C
31．D	32．A	33．C	34．B	35．C
36．D	37．B	38．C	39．D	40．D
41．A	42．A	43．D	44．D	45．C

二、阅 读

第一部分

46．C	47．A	48．A	49．C	50．B
51．A	52．D	53．B	54．A	55．B
56．A	57．B	58．C	59．D	60．A

第二部分

61．C	62．D	63．B	64．C	65．B
66．D	67．C	68．D	69．A	70．A

第三部分

71．D	72．C	73．D	74．B	75．C
76．D	77．B	78．A	79．D	80．A
81．C	82．C	83．B	84．B	85．B
86．A	87．B	88．A	89．B	90．B

三、书 写

第一部分

91．他忍不住大笑起来。
92．听音乐可以缓解紧张的情绪。
93．这次手术很成功。
94．她受过良好的教育。
95．玩具被摔坏了。
96．老王的水煮鱼做得很地道。
97．那家工厂面临破产的危险。
98．上午要把任务分配一下。

第二部分

（略）

HSK（五级）答题卡

新 汉 语 水 平 考 试
HSK（五级）答题卡

姓名

国籍　〔0〕〔1〕〔2〕〔3〕〔4〕〔5〕〔6〕〔7〕〔8〕〔9〕
　　　〔0〕〔1〕〔2〕〔3〕〔4〕〔5〕〔6〕〔7〕〔8〕〔9〕
　　　〔0〕〔1〕〔2〕〔3〕〔4〕〔5〕〔6〕〔7〕〔8〕〔9〕

性别　　　男〔1〕　　　女〔2〕

序号
〔0〕〔1〕〔2〕〔3〕〔4〕〔5〕〔6〕〔7〕〔8〕〔9〕
〔0〕〔1〕〔2〕〔3〕〔4〕〔5〕〔6〕〔7〕〔8〕〔9〕
〔0〕〔1〕〔2〕〔3〕〔4〕〔5〕〔6〕〔7〕〔8〕〔9〕
〔0〕〔1〕〔2〕〔3〕〔4〕〔5〕〔6〕〔7〕〔8〕〔9〕
〔0〕〔1〕〔2〕〔3〕〔4〕〔5〕〔6〕〔7〕〔8〕〔9〕

考点
〔0〕〔1〕〔2〕〔3〕〔4〕〔5〕〔6〕〔7〕〔8〕〔9〕
〔0〕〔1〕〔2〕〔3〕〔4〕〔5〕〔6〕〔7〕〔8〕〔9〕
〔0〕〔1〕〔2〕〔3〕〔4〕〔5〕〔6〕〔7〕〔8〕〔9〕

你是华裔吗？

年龄
〔0〕〔1〕〔2〕〔3〕〔4〕〔5〕〔6〕〔7〕〔8〕〔9〕
〔0〕〔1〕〔2〕〔3〕〔4〕〔5〕〔6〕〔7〕〔8〕〔9〕

是〔1〕　　　　不是〔2〕

学习汉语的时间：

1年以下〔1〕　　1年—2年〔2〕　　2年—3年〔3〕　　3年—4年〔4〕　　4年以上〔5〕

注意　　请用 2B 铅笔这样写：▬

一 听力

1. 〔A〕〔B〕〔C〕〔D〕
2. 〔A〕〔B〕〔C〕〔D〕
3. 〔A〕〔B〕〔C〕〔D〕
4. 〔A〕〔B〕〔C〕〔D〕
5. 〔A〕〔B〕〔C〕〔D〕

6. 〔A〕〔B〕〔C〕〔D〕
7. 〔A〕〔B〕〔C〕〔D〕
8. 〔A〕〔B〕〔C〕〔D〕
9. 〔A〕〔B〕〔C〕〔D〕
10. 〔A〕〔B〕〔C〕〔D〕

11. 〔A〕〔B〕〔C〕〔D〕
12. 〔A〕〔B〕〔C〕〔D〕
13. 〔A〕〔B〕〔C〕〔D〕
14. 〔A〕〔B〕〔C〕〔D〕
15. 〔A〕〔B〕〔C〕〔D〕

16. 〔A〕〔B〕〔C〕〔D〕
17. 〔A〕〔B〕〔C〕〔D〕
18. 〔A〕〔B〕〔C〕〔D〕
19. 〔A〕〔B〕〔C〕〔D〕
20. 〔A〕〔B〕〔C〕〔D〕

21. 〔A〕〔B〕〔C〕〔D〕
22. 〔A〕〔B〕〔C〕〔D〕
23. 〔A〕〔B〕〔C〕〔D〕
24. 〔A〕〔B〕〔C〕〔D〕
25. 〔A〕〔B〕〔C〕〔D〕

26. 〔A〕〔B〕〔C〕〔D〕
27. 〔A〕〔B〕〔C〕〔D〕
28. 〔A〕〔B〕〔C〕〔D〕
29. 〔A〕〔B〕〔C〕〔D〕
30. 〔A〕〔B〕〔C〕〔D〕

31. 〔A〕〔B〕〔C〕〔D〕
32. 〔A〕〔B〕〔C〕〔D〕
33. 〔A〕〔B〕〔C〕〔D〕
34. 〔A〕〔B〕〔C〕〔D〕
35. 〔A〕〔B〕〔C〕〔D〕

36. 〔A〕〔B〕〔C〕〔D〕
37. 〔A〕〔B〕〔C〕〔D〕
38. 〔A〕〔B〕〔C〕〔D〕
39. 〔A〕〔B〕〔C〕〔D〕
40. 〔A〕〔B〕〔C〕〔D〕

41. 〔A〕〔B〕〔C〕〔D〕
42. 〔A〕〔B〕〔C〕〔D〕
43. 〔A〕〔B〕〔C〕〔D〕
44. 〔A〕〔B〕〔C〕〔D〕
45. 〔A〕〔B〕〔C〕〔D〕

二 阅读

46. 〔A〕〔B〕〔C〕〔D〕
47. 〔A〕〔B〕〔C〕〔D〕
48. 〔A〕〔B〕〔C〕〔D〕
49. 〔A〕〔B〕〔C〕〔D〕
50. 〔A〕〔B〕〔C〕〔D〕

51. 〔A〕〔B〕〔C〕〔D〕
52. 〔A〕〔B〕〔C〕〔D〕
53. 〔A〕〔B〕〔C〕〔D〕
54. 〔A〕〔B〕〔C〕〔D〕
55. 〔A〕〔B〕〔C〕〔D〕

56. 〔A〕〔B〕〔C〕〔D〕
57. 〔A〕〔B〕〔C〕〔D〕
58. 〔A〕〔B〕〔C〕〔D〕
59. 〔A〕〔B〕〔C〕〔D〕
60. 〔A〕〔B〕〔C〕〔D〕

61. 〔A〕〔B〕〔C〕〔D〕
62. 〔A〕〔B〕〔C〕〔D〕
63. 〔A〕〔B〕〔C〕〔D〕
64. 〔A〕〔B〕〔C〕〔D〕
65. 〔A〕〔B〕〔C〕〔D〕

66. 〔A〕〔B〕〔C〕〔D〕
67. 〔A〕〔B〕〔C〕〔D〕
68. 〔A〕〔B〕〔C〕〔D〕
69. 〔A〕〔B〕〔C〕〔D〕
70. 〔A〕〔B〕〔C〕〔D〕

71. 〔A〕〔B〕〔C〕〔D〕
72. 〔A〕〔B〕〔C〕〔D〕
73. 〔A〕〔B〕〔C〕〔D〕
74. 〔A〕〔B〕〔C〕〔D〕
75. 〔A〕〔B〕〔C〕〔D〕

76. 〔A〕〔B〕〔C〕〔D〕
77. 〔A〕〔B〕〔C〕〔D〕
78. 〔A〕〔B〕〔C〕〔D〕
79. 〔A〕〔B〕〔C〕〔D〕
80. 〔A〕〔B〕〔C〕〔D〕

81. 〔A〕〔B〕〔C〕〔D〕
82. 〔A〕〔B〕〔C〕〔D〕
83. 〔A〕〔B〕〔C〕〔D〕
84. 〔A〕〔B〕〔C〕〔D〕
85. 〔A〕〔B〕〔C〕〔D〕

86. 〔A〕〔B〕〔C〕〔D〕
87. 〔A〕〔B〕〔C〕〔D〕
88. 〔A〕〔B〕〔C〕〔D〕
89. 〔A〕〔B〕〔C〕〔D〕
90. 〔A〕〔B〕〔C〕〔D〕

三 书写

91.

92.

93.

94.

95.

96.

97.

98.

99.

100.

HSK（五级）成绩报告

国家汉办/孔子学院总部
Hanban/Confucius Institute Headquarters

新 汉 语 水 平 考 试
Chinese Proficiency Test

HSK（五级）成绩报告
HSK (Level 5) Examination Score Report

姓名：_____
Name

性别：_____ 国籍：_____
Gender　　　　　　 Nationality

考试时间：_____ 年 _____ 月 _____ 日
Examination Date　　　　Year　　Month　　Day

编号：_____
No.

	满分（Full Score）	你的分数（Your Score）
听力（Listening）	100	
阅读（Reading）	100	
书写（Writing）	100	
总分（Total Score）	300	

总分180分为合格（Passing Score：180）

主任　_____　国家汉办
Director　　　　　　　　 Hanban
　　　　　　　　　　　　 HANBAN

中国 · 北京
Beijing · China

HSK（五级）考试要求及过程

一、HSK（五级）考试要求

1. 考试前，考生要通过《新汉语水平考试大纲 HSK 五级》等材料，了解考试形式，熟悉答题方式。
2. 参加考试时，考生需要带：身份证件、准考证、2B 铅笔、橡皮。

二、HSK（五级）考试过程

1. 考试开始时，主考宣布：

> 大家好！欢迎参加 HSK（五级）考试。

2. 主考提醒考生（可以用考生的母语及其他有效方式）：
（1）关闭手机。
（2）把准考证和身份证件放在桌子的右上方。

3. 之后，主考请监考发试卷。

4. 试卷发完后，主考向考生解释试卷封面上的注意内容（可以用考生的母语及其他有效方式）。

注　意

一、HSK（五级）分三部分：
1. 听力（45 题，约 30 分钟）
2. 阅读（45 题，40 分钟）
3. 书写（10 题，40 分钟）

二、**答案先写在试卷上，最后 10 分钟再写在答题卡上。**

三、全部考试约 125 分钟（含考生填写个人信息时间 5 分钟）。

5．之后，主考宣布：

现在请大家填写答题卡。

主考示意考生参考准考证（可以用考生的母语及其他有效方式），用铅笔填写答题卡上的姓名、国籍、序号、性别、考点、年龄、你是华裔吗、学习汉语的时间等信息。

姓名要求写证件上的姓名。

关于华裔考生的概念，可解释为：父母双方或一方是中国人的考生。

6．之后，主考宣布：

现在开始听力考试。

7．主考播放听力录音。

8．听力考试结束后，主考宣布：

现在开始阅读考试。考试时间为 40 分钟。

9．阅读考试还剩 5 分钟时，主考宣布：

阅读考试时间还有 5 分钟。

10．阅读考试结束后，主考宣布：

现在开始书写考试。考试时间为 40 分钟。**请直接把答案写在答题卡上。**

主考提醒考生直接把答案写在答题卡上（可以用考生的母语及其他有效方式）

11．书写考试还剩 5 分钟时，主考宣布：

书写考试时间还有 5 分钟。

12．书写考试结束后，主考宣布：

现在请把第 1 到 90 题的答案写在答题卡上，时间为 10 分钟。

主考提醒考生把答案写在答题卡上（可以用考生的母语及其他有效方式）。

13．10 分钟后，主考请监考收回试卷和答题卡。

14．主考清点试卷和答题卡后宣布：

考试现在结束。谢谢大家！再见。

HSK（五级）词汇

共 2500 个

A

āyí
1. 阿姨

a
2. 啊

āi
3. 唉

ǎi
4. 矮

ài
5. 爱

àihào
6. 爱好

àihù
7. 爱护

àiqíng
8. 爱情

àixī
9. 爱惜

àixīn
10. 爱心

ānjìng
11. 安静

ānpái
12. 安排

ānquán
13. 安全

ānwèi
14. 安慰

ānzhuāng
15. 安装

àn
16. 岸

àn
17. 暗

ànshí
18. 按时

ànzhào
19. 按照

B

bā
20. 八

bǎ
21. 把

bǎwò
22. 把握

bàba
23. 爸爸

ba
24. 吧

bái
25. 白

bǎi
26. 百

bǎi
27. 摆

bān
28. 搬

bān
29. 班

bānzhǔrèn
30. 班主任

bàn
31. 半

bànfǎ
32. 办法

bàngōngshì
33. 办公室

bànlǐ
34. 办理

bāngmáng
35. 帮忙

bāngzhù
36. 帮助

bàng
37. 棒

bàngwǎn
38. 傍晚

bāo
39. 包

bāoguǒ
40. 包裹

bāohán
41. 包含

bāokuò
42. 包括

bāozi
43. 包子

báo
44. 薄

bǎo
45. 饱

bǎobèi
46. 宝贝

bǎoguì
47. 宝贵

bǎochí
48. 保持

bǎocún
49. 保存

bǎohù
50. 保护

bǎoliú
51. 保留

bǎoxiǎn
52. 保险

bǎozhèng
53. 保证

bào
54. 抱

bàoqiàn 55. 抱歉	bǐjiào 77. 比较	biǎodá 99. 表达
bàodào 56. 报道	bǐlì 78. 比例	biǎogé 100. 表格
bàogào 57. 报告	bǐrú 79. 比如	biǎomiàn 101. 表面
bàomíng 58. 报名	bǐsài 80. 比赛	biǎomíng 102. 表明
bàozhǐ 59. 报纸	bǐcǐ 81. 彼此	biǎoqíng 103. 表情
bēiguān 60. 悲观	bǐjìběn 82. 笔记本	biǎoshì 104. 表示
bēizi 61. 杯子	bìjìng 83. 毕竟	biǎoxiàn 105. 表现
běifāng 62. 北方	bìyè 84. 毕业	biǎoyǎn 106. 表演
Běijīng 63. 北京	bìmiǎn 85. 避免	biǎoyáng 107. 表扬
bèi 64. 倍	bìrán 86. 必然	bié 108. 别
bèi 65. 背	bìxū 87. 必须	biéren 109. 别人
bèijǐng 66. 背景	bìxū 88. 必需	bīnguǎn 110. 宾馆
bèi 67. 被	bìyào 89. 必要	bīngxiāng 111. 冰箱
bèizi 68. 被子	biānjí 90. 编辑	bǐng 112. 丙
běn 69. 本	biānpào 91. 鞭炮	bǐnggān 113. 饼干
běnkē 70. 本科	biàn 92. 便	bìngdú 114. 病毒
běnlái 71. 本来	biàn 93. 遍	bìngqiě 115. 并且
běnlǐng 72. 本领	biànhuà 94. 变化	bōli 116. 玻璃
běnzhì 73. 本质	biànlùn 95. 辩论	bóshì 117. 博士
bèn 74. 笨	biāodiǎn 96. 标点	bówùguǎn 118. 博物馆
bízi 75. 鼻子	biāozhì 97. 标志	bózi 119. 脖子
bǐ 76. 比	biāozhǔn 98. 标准	búbì 120. 不必

121. búdàn
不但

122. búduàn
不断

123. búguò
不过

124. bú jiàndé
不见得

125. bú kèqi
不客气

126. bú nàifán
不耐烦

127. bú yàojǐn
不要紧

128. bǔchōng
补充

129. bù
布

130. bù
不

131. bù'ān
不安

132. bùdébù
不得不

133. bù déliǎo
不得了

134. bùguǎn
不管

135. bù hǎoyìsi
不好意思

136. bùjǐn
不仅

137. bùmiǎn
不免

138. bùrán
不然

139. bùrú
不如

140. bùzú
不足

141. bùfen
部分

142. bùmén
部门

143. bùzhòu
步骤

C

144. cā
擦

145. cāi
猜

146. cái
才

147. cáichǎn
财产

148. cáiliào
材料

149. cǎi
踩

150. cǎifǎng
采访

151. cǎiqǔ
采取

152. cǎihóng
彩虹

153. cài
菜

154. càidān
菜单

155. cānguān
参观

156. cānjiā
参加

157. cānkǎo
参考

158. cānyù
参与

159. cāntīng
餐厅

160. cánjí
残疾

161. cánkuì
惭愧

162. cāochǎng
操场

163. cāoxīn
操心

164. cǎo
草

165. cè
册

166. cèsuǒ
厕所

167. cèyàn
测验

168. céng
层

169. céngjīng
曾经

170. chā
插

171. chābié
差别

172. chāzi
叉子

173. chá
茶

174. chà
差

175. chàbuduō
差不多

176. chāi
拆

177. chǎnpǐn
产品

178. chǎnshēng
产生

179. cháng
尝

180. cháng
长

181. Chángchéng
长城

182. Cháng Jiāng
长江

183. chángtú
长途

184. chángshí
常识

185.	chǎng 场	207.	chéngrèn 承认	229.	chízi 池子
186.	chànggē 唱歌	208.	chéngshòu 承受	230.	chǐzi 尺子
187.	chāo 抄	209.	chéngdù 程度	231.	chìbǎng 翅膀
188.	chāoguò 超过	210.	chéngxù 程序	232.	chōng 冲
189.	chāoshì 超市	211.	chéngfèn 成分	233.	chōngdiànqì 充电器
190.	cháo 朝	212.	chénggōng 成功	234.	chōngfèn 充分
191.	cháodài 朝代	213.	chéngguǒ 成果	235.	chōngmǎn 充满
192.	chǎo 炒	214.	chéngjì 成绩	236.	chóngfù 重复
193.	chǎo 吵	215.	chéngjiù 成就	237.	chóngxīn 重新
194.	chǎojià 吵架	216.	chénglì 成立	238.	chǒngwù 宠物
195.	chēkù 车库	217.	chéngshú 成熟	239.	chōuti 抽屉
196.	chēxiāng 车厢	218.	chéngwéi 成为	240.	chōuxiàng 抽象
197.	chèdǐ 彻底	219.	chéngyǔ 成语	241.	chōuyān 抽烟
198.	chénmò 沉默	220.	chéngzhǎng 成长	242.	chǒu 丑
199.	chèn 趁	221.	chéngkěn 诚恳	243.	chòu 臭
200.	chènshān 衬衫	222.	chéngshí 诚实	244.	chū 出
201.	chēng 称	223.	chéngshì 城市	245.	chūbǎn 出版
202.	chēnghu 称呼	224.	chī 吃	246.	chūchāi 出差
203.	chēngzàn 称赞	225.	chījīng 吃惊	247.	chūfā 出发
204.	chéng 乘	226.	chīkuī 吃亏	248.	chūkǒu 出口
205.	chéngzuò 乘坐	227.	chídào 迟到	249.	chūsè 出色
206.	chéngdān 承担	228.	chíxù 持续	250.	chūshēng 出生

251.	chūxí 出席	273.	chuī 吹	295.	cuī 催
252.	chūxiàn 出现	274.	chūn 春	296.	cún 存
253.	chūzūchē 出租车	275.	cídài 磁带	297.	cúnzài 存在
254.	chūjí 初级	276.	cídiǎn 词典	298.	cuò 错
255.	chú 除	277.	cíyǔ 词语	299.	cuòwù 错误
256.	chúfēi 除非	278.	cízhí 辞职	300.	cuòshī 措施
257.	chúle 除了	279.	cǐwài 此外		
258.	chúxī 除夕	280.	cì 次		**D**
259.	chúfáng 厨房	281.	cìyào 次要	301.	dāying 答应
260.	chǔlǐ 处理	282.	cìjī 刺激	302.	dá'àn 答案
261.	chuān 穿	283.	cōngmáng 匆忙	303.	dádào 达到
262.	chuán 船	284.	cōngming 聪明	304.	dǎban 打扮
263.	chuánbō 传播	285.	cóng 从	305.	dǎ diànhuà 打 电话
264.	chuándì 传递	286.	cóngcǐ 从此	306.	dǎgōng 打工
265.	chuánrǎn 传染	287.	cóng'ér 从而	307.	dǎ jiāodao 打 交道
266.	chuánshuō 传说	288.	cónglái 从来	308.	dǎ lánqiú 打 篮球
267.	chuántǒng 传统	289.	cóngqián 从前	309.	dǎ pēntì 打 喷嚏
268.	chuánzhēn 传真	290.	cóngshì 从事	310.	dǎrǎo 打扰
269.	chuānghu 窗户	291.	cūxīn 粗心	311.	dǎsǎo 打扫
270.	chuānglián 窗帘	292.	cù 醋	312.	dǎsuàn 打算
271.	chuǎng 闯	293.	cùjìn 促进	313.	dǎting 打听
272.	chuàngzào 创造	294.	cùshǐ 促使	314.	dǎyìn 打印

dǎ zhāohu 315. 打 招呼	dānwèi 337. 单位	dào 359. 到
dǎzhé 316. 打折	dānyuán 338. 单元	dàochù 360. 到处
dǎzhēn 317. 打针	dānrèn 339. 担任	dàodá 361. 到达
dà 318. 大	dānxīn 340. 担心	dàodǐ 362. 到底
dàfang 319. 大方	dānwu 341. 耽误	dàodé 363. 道德
dàgài 320. 大概	dǎnxiǎoguǐ 342. 胆小鬼	dàolǐ 364. 道理
dàjiā 321. 大家	dàn 343. 淡	dàoqiàn 365. 道歉
dàshǐguǎn 322. 大使馆	dàngāo 344. 蛋糕	de 366. 地
dàxiàng 323. 大象	dànshì 345. 但是	de 367. 的
dàxíng 324. 大型	dāng 346. 当	de 368. 得
dàyuē 325. 大约	dāngdài 347. 当代	déyì 369. 得意
dāi 326. 呆	dāngdì 348. 当地	děi 370. 得
dài 327. 带	dāngrán 349. 当然	dēng 371. 灯
dài 328. 戴	dāngshí 350. 当时	dēngjīpái 372. 登机牌
dàibiǎo 329. 代表	dǎng 351. 挡	dēngjì 373. 登记
dàitì 330. 代替	dāo 352. 刀	děng 374. 等 （动）
dàifu 321. 大夫	dǎo 353. 岛	děng 375. 等 （助）
dàikuǎn 332. 贷款	dǎoméi 354. 倒霉	děngdài 376. 等待
dàiyù 333. 待遇	dǎoyǎn 355. 导演	děnghòu 377. 等候
dānchún 334. 单纯	dǎoyóu 356. 导游	děngyú 378. 等于
dāndiào 335. 单调	dǎozhì 357. 导致	dī 379. 低
dāndú 336. 单独	dào 358. 倒	dī 380. 滴

díquè 381. 的确	diànshì 403. 电视	dòufu 425. 豆腐
dírén 382. 敌人	diàntái 404. 电台	dú 426. 读
dǐ 383. 底	diàntī 405. 电梯	dúlì 427. 独立
dì 384. 递	diànyǐng 406. 电影	dútè 428. 独特
dìdao 385. 地道	diànzǐ yóujiàn 407. 电子 邮件	dǔchē 429. 堵车
dìfang 386. 地方	diào 408. 钓	dùguò 430. 度过
dìlǐ 387. 地理	diào 409. 掉	dùzi 431. 肚子
dìqiú 388. 地球	diàochá 410. 调查	duǎn 432. 短
dìqū 389. 地区	dīng 411. 丁	duǎnxìn 433. 短信
dìtǎn 390. 地毯	dǐng 412. 顶	duàn 434. 段
dìtiě 391. 地铁	diū 413. 丢	duàn 435. 断
dìtú 392. 地图	dōng 414. 冬	duànliàn 436. 锻炼
dìwèi 393. 地位	dōng 415. 东	duī 437. 堆
dìzhèn 394. 地震	dōngxi 416. 东西	duì 438. 对 （介）
dìzhǐ 395. 地址	dǒng 417. 懂	duì 439. 对 （形）
dìdi 396. 弟弟	dòng 418. 冻	duìbǐ 440. 对比
dì-yī 397. 第一	dòng 419. 洞	duìbuqǐ 441. 对不起
diǎn 398. 点	dònghuàpiàn 420. 动画片	duìdài 442. 对待
diǎntóu 399. 点头	dòngwù 421. 动物	duìfāng 443. 对方
diǎnxin 400. 点心	dòngzuò 422. 动作	duìhuà 444. 对话
diànchí 401. 电池	dōu 423. 都	duìmiàn 445. 对面
diànnǎo 402. 电脑	dòu 424. 逗	duìshǒu 446. 对手

447. duìxiàng
对象

448. duìyú
对于

449. dūn
吨

450. dūn
蹲

451. dùn
顿

452. duō
多

453. duōkuī
多亏

454. duōme
多么

455. duōshao
多少

456. duōyú
多余

457. duǒ
朵

458. duǒcáng
躲藏

E

459. è
饿

460. èliè
恶劣

461. ér
而

462. érqiě
而且

463. értóng
儿童

464. érzi
儿子

465. ěrduo
耳朵

466. èr
二

F

467. fā
发

468. fābiǎo
发表

469. fāchóu
发愁

470. fādá
发达

471. fādǒu
发抖

472. fāhuī
发挥

473. fāmíng
发明

474. fāpiào
发票

475. fāshāo
发烧

476. fāshēng
发生

477. fāxiàn
发现

478. fāyán
发言

479. fāzhǎn
发展

480. fákuǎn
罚款

481. fǎlǜ
法律

482. fǎyuàn
法院

483. fān
翻

484. fānyì
翻译

485. fánnǎo
烦恼

486. fánróng
繁荣

487. fánshì
凡是

488. fǎnduì
反对

489. fǎn'ér
反而

490. fǎnfù
反复

491. fǎnyìng
反应

492. fǎnyìng
反映

493. fǎnzhèng
反正

494. fànguǎn
饭馆

495. fànwéi
范围

496. fāng
方

497. fāng'àn
方案

498. fāngbiàn
方便

499. fāngfǎ
方法

500. fāngmiàn
方面

501. fāngshì
方式

502. fāngxiàng
方向

503. fáng'ài
妨碍

504. fángdōng
房东

505. fángjiān
房间

506. fǎngfú
仿佛

507. fǎngwèn
访问

508. fàng
放

509. fàngqì
放弃

510. fàng shǔjià
放 暑假

511. fàngsōng
放松

512. fàngxīn
放心

513. fēi
非

514. fēicháng
非常

515. fēijī
飞机

516. féizào
肥皂

517. fèi
肺

518. fèihuà
废话

519. fèiyong
费用

520. fēn
分

521. fēnbié
分别

522. fēnbù
分布

523. fēnpèi
分配

524. fēnxī
分析

525. fēnzhī
… 分之 …

526. fēnzhōng
分钟

527. fēnfēn
纷纷

528. fèn
份

529. fèndòu
奋斗

530. fènnù
愤怒

531. fēngfù
丰富

532. fēnggé
风格

533. fēngjǐng
风景

534. fēngsú
风俗

535. fēngxiǎn
风险

536. fēngkuáng
疯狂

537. fěngcì
讽刺

538. fǒudìng
否定

539. fǒurèn
否认

540. fǒuzé
否则

541. fú
扶

542. fú
幅

543. fúcóng
服从

544. fúwùyuán
服务员

545. fúzhuāng
服装

546. fúhé
符合

547. fǔdǎo
辅导

548. fù
富

549. fùjìn
附近

550. fùkuǎn
付款

551. fùnǚ
妇女

552. fùqīn
父亲

553. fùxí
复习

554. fùyìn
复印

555. fùzá
复杂

556. fùzhì
复制

557. fùzé
负责

G

558. gǎibiàn
改变

559. gǎigé
改革

560. gǎijìn
改进

561. gǎishàn
改善

562. gǎizhèng
改正

563. gài
盖

564. gàikuò
概括

565. gàiniàn
概念

566. gānbēi
干杯

567. gāncuì
干脆

568. gānjìng
干净

569. gānzào
干燥

570. gǎn
敢

571. gǎndòng
感动

572. gǎnjī
感激

573. gǎnjué
感觉

574.	gǎnmào 感冒	596.	gēzi 鸽子	618.	gōnglǐ 公里
575.	gǎnqíng 感情	597.	gébì 隔壁	619.	gōngpíng 公平
576.	gǎnshòu 感受	598.	gémìng 革命	620.	gōngsī 公司
577.	gǎnxiǎng 感想	599.	géwài 格外	621.	gōngyù 公寓
578.	gǎnxiè 感谢	600.	gè 个	622.	gōngyuán 公元
579.	gǎnjǐn 赶紧	601.	gèbié 个别	623.	gōngyuán 公园
580.	gǎnkuài 赶快	602.	gèrén 个人	624.	gōngzhǔ 公主
581.	gàn 干	603.	gèxìng 个性	625.	gōngchǎng 工厂
582.	gàn huór 干 活儿	604.	gèzi 个子	626.	gōngchéngshī 工程师
583.	gāngcái 刚才	605.	gè 各	627.	gōngjù 工具
584.	gānggāng 刚刚	606.	gèzì 各自	628.	gōngrén 工人
585.	gāngtiě 钢铁	607.	gěi 给	629.	gōngyè 工业
586.	gāo 高	608.	gēn 跟	630.	gōngzī 工资
587.	gāodàng 高档	609.	gēn 根	631.	gōngzuò 工作
588.	gāojí 高级	610.	gēnběn 根本	632.	gōngfu 功夫
589.	gāosù gōnglù 高速 公路	611.	gēnjù 根据	633.	gōngnéng 功能
590.	gāoxìng 高兴	612.	gèng 更	634.	gòngtóng 共同
591.	gǎo 搞	613.	gèngjiā 更加	635.	gòngxiàn 贡献
592.	gàobié 告别	614.	gōngbù 公布	636.	gōutōng 沟通
593.	gàosu 告诉	615.	gōnggòngqìchē 公共汽车	637.	gǒu 狗
594.	gēbo 胳膊	616.	gōngjīn 公斤	638.	gòu 够
595.	gēge 哥哥	617.	gōngkāi 公开	639.	gòuchéng 构成

640.	gòuwù 购物	662.	guāi 乖	684.	guāngmíng 光明
641.	gūdān 孤单	663.	guǎiwān 拐弯	685.	guāngpán 光盘
642.	gūgu 姑姑	664.	guàibude 怪不得	686.	guāngróng 光荣
643.	gūniang 姑娘	665.	guān 官	687.	guǎngbō 广播
644.	gūjì 估计	666.	guān 关	688.	guǎngchǎng 广场
645.	gǔdài 古代	667.	guānbì 关闭	689.	guǎngdà 广大
646.	gǔdiǎn 古典	668.	guānhuái 关怀	690.	guǎngfàn 广泛
647.	gǔlǎo 古老	669.	guānjiàn 关键	691.	guǎnggào 广告
648.	gǔlì 鼓励	670.	guānxì 关系	692.	guàng 逛
649.	gǔwǔ 鼓舞	671.	guānxīn 关心	693.	guīdìng 规定
650.	gǔzhǎng 鼓掌	672.	guānyú 关于	694.	guīju 规矩
651.	gǔpiào 股票	673.	guānchá 观察	695.	guīlǜ 规律
652.	gǔtou 骨头	674.	guāndiǎn 观点	696.	guīmó 规模
653.	gùdìng 固定	675.	guānniàn 观念	697.	guīzé 规则
654.	gùtǐ 固体	676.	guānzhòng 观众	698.	guì 贵
655.	gùkè 顾客	677.	guǎnlǐ 管理	699.	guìtái 柜台
656.	gùshi 故事	678.	guǎnzi 管子	700.	gǔn 滚
657.	gùyì 故意	679.	guànjūn 冠军	701.	guō 锅
658.	gùyōng 雇佣	680.	guàntou 罐头	702.	guójí 国籍
659.	guā fēng 刮　风	681.	guāng 光	703.	guójì 国际
660.	guà 挂	682.	guānghuá 光滑	704.	guójiā 国家
661.	guàhào 挂号	683.	guānglín 光临	705.	Guóqìngjié 国庆节

guǒrán 706. 果然	hǎn 726. 喊	héshì 748. 合适
guǒshí 707. 果实	hàn 727. 汗	hétong 749. 合同
guǒzhī 708. 果汁	Hànyǔ 728. 汉语	héyǐng 750. 合影
guò 709. 过 （动）	hángbān 729. 航班	hézuò 751. 合作
guo 710. 过 （助）	hángyè 730. 行业	héxīn 752. 核心
guòchéng 711. 过程	háohuá 731. 豪华	hézi 753. 盒子
guòfèn 712. 过分	hǎo 732. 好	hēi 754. 黑
guòmǐn 713. 过敏	hǎochī 733. 好吃	hēibǎn 755. 黑板
guòqī 714. 过期	hǎochu 734. 好处	hěn 756. 很
guòqù 715. 过去	hǎoxiàng 735. 好像	hèn 757. 恨
	hào 736. 号	héng 758. 横
H	hàomǎ 737. 号码	hóng 759. 红
hā 716. 哈	hàoqí 738. 好奇	hóuzi 760. 猴子
hái 717. 还	hē 739. 喝	hòu 761. 厚
háishì 718. 还是	hé 740. 河	hòuguǒ 762. 后果
háizi 719. 孩子	hé 741. 和	hòuhuǐ 763. 后悔
hǎiguān 720. 海关	hépíng 742. 和平	hòulái 764. 后来
hǎixiān 721. 海鲜	hébì 743. 何必	hòumiàn 765. 后面
hǎiyáng 722. 海洋	hékuàng 744. 何况	hūrán 766. 忽然
hàipà 723. 害怕	héfǎ 745. 合法	hūshì 767. 忽视
hàixiū 724. 害羞	hégé 746. 合格	hūxī 768. 呼吸
hánjià 725. 寒假	hélǐ 747. 合理	hú 769. 壶

770.	húdié 蝴蝶	792.	huánjìng 环境	814.	hūnyīn 婚姻
771.	húshuō 胡说	793.	huǎnjiě 缓解	815.	huódòng 活动
772.	hútòng 胡同	794.	huàn 换	816.	huópō 活泼
773.	húxū 胡须	795.	huànxiǎng 幻想	817.	huóyuè 活跃
774.	hútu 糊涂	796.	huāngzhāng 慌张	818.	huǒ 火
775.	hùshi 护士	797.	huáng 黄	819.	huǒchái 火柴
776.	hùzhào 护照	798.	huángguā 黄瓜	820.	huǒchēzhàn 火车站
777.	hùxiāng 互相	799.	huángjīn 黄金	821.	huǒbàn 伙伴
778.	huā 花 （动）	800.	huángdì 皇帝	822.	huòdé 获得
779.	huāshēng 花生	801.	huánghòu 皇后	823.	huòzhě 或者
780.	huāyuán 花园	802.	huī 挥		
781.	huábīng 滑冰	803.	huī 灰		**J**
782.	huáchuán 划船	804.	huīchén 灰尘	824.	jīběn 基本
783.	huáyì 华裔	805.	huīxīn 灰心	825.	jīchǔ 基础
784.	huà 画	806.	huīfù 恢复	826.	jīchǎng 机场
785.	huàtí 话题	807.	huí 回	827.	jīhuì 机会
786.	huàxué 化学	808.	huídá 回答	828.	jīqì 机器
787.	huáiniàn 怀念	809.	huíyì 回忆	829.	jīdàn 鸡蛋
788.	huáiyí 怀疑	810.	huì 会	830.	jīdòng 激动
789.	huài 坏	811.	huìyì 会议	831.	jīliè 激烈
790.	huānyíng 欢迎	812.	huìlǜ 汇率	832.	jīhū 几乎
791.	huán 还	813.	hūnlǐ 婚礼	833.	jījí 积极

jīlěi 834. 积累	jìlǜ 856. 纪律	jiàshǐ 878. 驾驶
jīròu 835. 肌肉	jìniàn 857. 纪念	jiān 879. 煎
jí 836. 极	jìmò 858. 寂寞	jiānbǎng 880. 肩膀
jíqí 837. 极其	jìrán 859. 既然	jiānchí 881. 坚持
jígé 838. 及格	jìshù 860. 技术	jiānjué 882. 坚决
jíshí 839. 及时	jìxù 861. 继续	jiānqiáng 883. 坚强
jíhé 840. 集合	jiā 862. 家	jiānjù 884. 艰巨
jítǐ 841. 集体	jiājù 863. 家具	jiānkǔ 885. 艰苦
jízhōng 842. 集中	jiātíng 864. 家庭	jiānruì 886. 尖锐
jímáng 843. 急忙	jiāwù 865. 家务	jiǎn 887. 捡
jíshǐ 844. 即使	jiāxiāng 866. 家乡	jiǎnchá 888. 检查
jǐ 845. 几	jiābān 867. 加班	jiǎndān 889. 简单
jì 846. 寄	jiāyóuzhàn 868. 加油站	jiǎnlì 890. 简历
jìde 847. 记得	jiābīn 869. 嘉宾	jiǎnzhí 891. 简直
jìlù 848. 记录	jiāzi 870. 夹子	jiǎndāo 892. 剪刀
jìyì 849. 记忆	jiǎ 871. 甲	jiǎnféi 893. 减肥
jìzhě 850. 记者	jiǎ 872. 假	jiǎnshǎo 894. 减少
jìhuà 851. 计划	jiǎrú 873. 假如	jiàn 895. 件
jìsuàn 852. 计算	jiǎzhuāng 874. 假装	jiànkāng 896. 健康
jìjié 853. 季节	jià 875. 嫁	jiànshēnfáng 897. 健身房
jì lǐngdài 854. 系 领带	jiàgé 876. 价格	jiànlì 898. 建立
jìlù 855. 纪录	jiàzhí 877. 价值	jiànshè 899. 建设

	jiànyì		jiǎo		jiémù
900.	建议	922.	脚	944.	节目
	jiànzhù		jiǎo		jiérì
901.	建筑	923.	角	945.	节日
	jiànmiàn		jiǎodù		jiéshěng
902.	见面	924.	角度	946.	节省
	jiànpán		jiǎohuá		jiéyuē
903.	键盘	925.	狡猾	947.	节约
	jiānglái		jiǎozi		jiégòu
904.	将来	926.	饺子	948.	结构
	jiǎng		jiào		jiéguǒ
905.	讲	927.	叫	949.	结果
	jiǎngjiu		jiàocái		jiéhé
906.	讲究	928.	教材	950.	结合
	jiǎngzuò		jiàoliàn		jiéhūn
907.	讲座	929.	教练	951.	结婚
	jiǎngjīn		jiàoshì		jiélùn
908.	奖金	930.	教室	952.	结论
	jiàngdī		jiàoshòu		jiéshù
909.	降低	931.	教授	953.	结束
	jiàngluò		jiàoxùn		jiézhàng
910.	降落	932.	教训	954.	结账
	jiàngyóu		jiàoyù		jiěfàng
911.	酱油	933.	教育	955.	解放
	jiāo		jiē		jiějué
912.	教	934.	接	956.	解决
	jiāo		jiēchù		jiěshì
913.	浇	935.	接触	957.	解释
	jiāo		jiēdài		jiěshuōyuán
914.	交	936.	接待	958.	解说员
	jiāohuàn		jiējìn		jiějie
915.	交换	937.	接近	959.	姐姐
	jiāojì		jiēshòu		jiè
916.	交际	938.	接受	960.	届
	jiāoliú		jiēzhe		jiè
917.	交流	939.	接着	961.	借
	jiāotōng		jiēdào		jièkǒu
918.	交通	940.	街道	962.	借口
	jiāo'ào		jiēduàn		jièshào
919.	骄傲	941.	阶段	963.	介绍
	jiāoqū		jiēshi		jièyān
920.	郊区	942.	结实	964.	戒烟
	jiāoshuǐ		jié		jièzhi
921.	胶水	943.	节	965.	戒指

jīntiān	jīngjì	júzi
966. 今天	988. 经济	1010. 桔子
jīnshǔ	jīnglǐ	jǔ
967. 金属	989. 经理	1011. 举
jǐn	jīnglì	jǔbàn
968. 紧	990. 经历	1012. 举办
jǐnjí	jīngyàn	jǔxíng
969. 紧急	991. 经验	1013. 举行
jǐnzhāng	jīngyíng	jùbèi
970. 紧张	992. 经营	1014. 具备
jǐnguǎn	jīngjù	jùtǐ
971. 尽管	993. 京剧	1015. 具体
jǐnshèn	jǐngchá	jùdà
972. 谨慎	994. 警察	1016. 巨大
jìn	jǐngsè	jùhuì
973. 进	995. 景色	1017. 聚会
jìnbù	jìng'ài	jùjué
974. 进步	996. 敬爱	1018. 拒绝
jìnkǒu	jìngrán	jùlèbù
975. 进口	997. 竟然	1019. 俱乐部
jìnxíng	jìngzhēng	jùlí
976. 进行	998. 竞争	1020. 距离
jìn	jìngzi	jùshuō
977. 近	999. 镜子	1021. 据说
jìndài	jiūjìng	jùzi
978. 近代	1000. 究竟	1022. 句子
jìnlì	jiǔ	juān
979. 尽力	1001. 九	1023. 捐
jìnliàng	jiǔ	juǎn
980. 尽量	1002. 久	1024. 卷
jìnzhǐ	jiǔbā	juéde
981. 禁止	1003. 酒吧	1025. 觉得
jīngcǎi	jiù	juédìng
982. 精彩	1004. 旧	1026. 决定
jīnglì	jiù	juésài
983. 精力	1005. 就	1027. 决赛
jīngshén	jiù	juéxīn
984. 精神	1006. 救	1028. 决心
jīngcháng	jiùhùchē	juéduì
985. 经常	1007. 救护车	1029. 绝对
jīngdiǎn	jiùjiu	juésè
986. 经典	1008. 舅舅	1030. 角色
jīngguò	jūrán	jūnshì
987. 经过	1009. 居然	1031. 军事

1032.	jūnyún 均匀	1052.	kē 棵	1074.	kètīng 客厅
		1053.	kē 颗	1075.	kěndìng 肯定
K		1054.	kēxué 科学	1076.	kōngjiān 空间
1033.	kāfēi 咖啡	1055.	késou 咳嗽	1077.	kōngqì 空气
1034.	kǎchē 卡车	1056.	kě 渴	1078.	kōngtiáo 空调
1035.	kāi 开	1057.	kě'ài 可爱	1079.	kǒngbù 恐怖
1036.	kāifā 开发	1058.	kějiàn 可见	1080.	kǒngpà 恐怕
1037.	kāifàng 开放	1059.	kěkào 可靠	1081.	kòngxián 空闲
1038.	kāimùshì 开幕式	1060.	kělián 可怜	1082.	kòngzhì 控制
1039.	kāishǐ 开始	1061.	kěnéng 可能	1083.	kǒu 口
1040.	kāi wánxiào 开 玩笑	1062.	kěpà 可怕	1084.	kǒuwèi 口味
1041.	kāixīn 开心	1063.	kěshì 可是	1085.	kū 哭
1042.	kǎn 砍	1064.	kěxī 可惜	1086.	kǔ 苦
1043.	kàn 看	1065.	kěyǐ 可以	1087.	kùzi 裤子
1044.	kànbuqǐ 看不起	1066.	kè 课	1088.	kuā 夸
1045.	kànfǎ 看法	1067.	kèchéng 课程	1089.	kuài 块
1046.	kànjiàn 看见	1068.	kè 克	1090.	kuài 快
1047.	kànlái 看来	1069.	kèfú 克服	1091.	kuàilè 快乐
1048.	kàngyì 抗议	1070.	kè 刻	1092.	kuàijì 会计
1049.	kǎolǜ 考虑	1071.	kèkǔ 刻苦	1093.	kuàizi 筷子
1050.	kǎoshì 考试	1072.	kèguān 客观	1094.	kuān 宽
1051.	kǎoyā 烤鸭	1073.	kèrén 客人	1095.	kuàngquánshuǐ 矿泉水

kùn 1096. 困	láojià 1116. 劳驾	lǐbàitiān 1138. 礼拜天
kùnnan 1097. 困难	lǎo 1117. 老	lǐmào 1139. 礼貌
kuòdà 1098. 扩大	lǎobǎixìng 1118. 老百姓	lǐwù 1140. 礼物
L	lǎobǎn 1119. 老板	lǐfà 1141. 理发
lā 1099. 拉	lǎohǔ 1120. 老虎	lǐjiě 1142. 理解
lājītǒng 1100. 垃圾桶	lǎoshī 1121. 老师	lǐlùn 1143. 理论
là 1101. 辣	lǎoshi 1122. 老实	lǐxiǎng 1144. 理想
làjiāo 1102. 辣椒	lǎoshǔ 1123. 老鼠	lǐyóu 1145. 理由
làzhú 1103. 蜡烛	lǎolao 1124. 姥姥	lì 1146. 粒
lái 1104. 来	lèguān 1125. 乐观	lìfāng 1147. 立方
láibují 1105. 来不及	le 1126. 了	lìjí 1148. 立即
láidejí 1106. 来得及	léi 1127. 雷	lìkè 1149. 立刻
láizì 1107. 来自	lèi 1128. 类	lìhai 1150. 厉害
lán 1108. 拦	lèi 1129. 累	lìliàng 1151. 力量
lán 1109. 蓝	lěng 1130. 冷	lìqi 1152. 力气
lǎn 1110. 懒	lěngjìng 1131. 冷静	lìrú 1153. 例如
làn 1111. 烂	lí 1132. 梨	lìrùn 1154. 利润
láng 1112. 狼	lí 1133. 离	lìxī 1155. 利息
làngfèi 1113. 浪费	líhūn 1134. 离婚	lìyì 1156. 利益
làngmàn 1114. 浪漫	líkāi 1135. 离开	lìyòng 1157. 利用
láodòng 1115. 劳动	límǐ 1136. 厘米	lìshǐ 1158. 历史
	lǐ 1137. 里	liǎ 1159. 俩

	lián		língqián		lùyīn
1160.	连	1182.	零钱	1204.	录音
	liánmáng		língshí		luàn
1161.	连忙	1183.	零食	1205.	乱
	liánxùjù		línghuó		lúnliú
1162.	连续剧	1184.	灵活	1206.	轮流
	liánhé		lǐngdǎo		lùnwén
1163.	联合	1185.	领导	1207.	论文
	liánxì		lǐngyù		luóji
1164.	联系	1186.	领域	1208.	逻辑
	liǎn		lìngwài		luòhòu
1165.	脸	1187.	另外	1209.	落后
	liàn'ài		liú		lǚyóu
1166.	恋爱	1188.	留	1210.	旅游
	liànxí		liúxué		lǜ
1167.	练习	1189.	留学	1211.	绿
	liánghǎo		liúchuán		lǜshī
1168.	良好	1190.	流传	1212.	律师
	liángkuai		liúlèi		
1169.	凉快	1191.	流泪	**M**	
	liángshi		liúlì		
1170.	粮食	1192.	流利		māma
	liǎng		liúxíng	1213.	妈妈
1171.	两	1193.	流行		máfan
	liàng		liúlǎn	1214.	麻烦
1172.	亮	1194.	浏览		mǎ
	liàng		liù	1215.	马
1173.	辆	1195.	六		mǎhu
	liáotiān		lóng	1216.	马虎
1174.	聊天	1196.	龙		mǎshàng
	liǎobuqǐ		lóu	1217.	马上
1175.	了不起	1197.	楼		mà
	liǎojiě		lòu	1218.	骂
1176.	了解	1198.	漏		ma
	línjū		lù	1219.	吗
1177.	邻居	1199.	路		mǎi
	línshí		lù	1220.	买
1178.	临时	1200.	露		mài
	líng		lùdì	1221.	卖
1179.	铃	1201.	陆地		màikèfēng
	líng		lùxù	1222.	麦克风
1180.	零	1202.	陆续		mántou
	língjiàn		lùqǔ	1223.	馒头
1181.	零件	1203.	录取		

mǎn 1224. 满	mén 1246. 门	mínzú 1268. 民族
mǎnyì 1225. 满意	mèng 1247. 梦	míngbai 1269. 明白
mǎnzú 1226. 满足	mílù 1248. 迷路	míngquè 1270. 明确
màn 1227. 慢	míyǔ 1249. 谜语	míngtiān 1271. 明天
máng 1228. 忙	mǐ 1250. 米	míngxiǎn 1272. 明显
māo 1229. 猫	mǐfàn 1251. 米饭	míngxìnpiàn 1273. 明信片
máo 1230. 毛	mìfēng 1252. 蜜蜂	míngxīng 1274. 明星
máobìng 1231. 毛病	mìmǎ 1253. 密码	míngpái 1275. 名牌
máojīn 1232. 毛巾	mìqiè 1254. 密切	míngpiàn 1276. 名片
máodùn 1233. 矛盾	mìmì 1255. 秘密	míngshèng gǔjì 1277. 名胜 古迹
màoxiǎn 1234. 冒险	mìshū 1256. 秘书	míngzi 1278. 名字
màoyì 1235. 贸易	miánhua 1257. 棉花	mìnglìng 1279. 命令
màozi 1236. 帽子	miǎnfèi 1258. 免费	mìngyùn 1280. 命运
méi 1237. 没	miànbāo 1259. 面包	mō 1281. 摸
méi guānxi 1238. 没 关系	miànduì 1260. 面对	mófǎng 1282. 模仿
méimao 1239. 眉毛	miànjī 1261. 面积	móhu 1283. 模糊
méitàn 1240. 煤炭	miànlín 1262. 面临	mótuōchē 1284. 摩托车
měi 1241. 每	miàntiáo 1263. 面条	mòshēng 1285. 陌生
měilì 1242. 美丽	miáotiao 1264. 苗条	mǒu 1286. 某
měishù 1243. 美术	miáoxiě 1265. 描写	mǔqīn 1287. 母亲
mèilì 1244. 魅力	miǎo 1266. 秒	mùbiāo 1288. 目标
mèimei 1245. 妹妹	mínzhǔ 1267. 民主	mùdì 1289. 目的

mùlù
1290. 目录

mùqián
1291. 目前

mùtou
1292. 木头

N

ná
1293. 拿

nǎ　　nǎr
1294. 哪 （哪儿）

nǎpà
1295. 哪怕

nà　　nàr
1296. 那 （那儿）

nǎinai
1297. 奶奶

nàixīn
1298. 耐心

nán
1299. 南

nán
1300. 难

nándào
1301. 难道

nánguài
1302. 难怪

nánguò
1303. 难过

nánkàn
1304. 难看

nánshòu
1305. 难受

nánrén
1306. 男人

nǎodai
1307. 脑袋

ne
1308. 呢

nèi
1309. 内

nèikē
1310. 内科

nèiróng
1311. 内容

nèn
1312. 嫩

néng
1313. 能

nénggàn
1314. 能干

nénglì
1315. 能力

néngyuán
1316. 能源

nǐ
1317. 你

nián
1318. 年

niándài
1319. 年代

niánjí
1320. 年级

niánjì
1321. 年纪

niánlíng
1322. 年龄

niánqīng
1323. 年轻

niàn
1324. 念

niǎo
1325. 鸟

nín
1326. 您

nìngkě
1327. 宁可

niúnǎi
1328. 牛奶

niúzǎikù
1329. 牛仔裤

nóng
1330. 浓

nóngcūn
1331. 农村

nóngmín
1332. 农民

nóngyè
1333. 农业

nòng
1334. 弄

nǔlì
1335. 努力

nuǎnhuo
1336. 暖和

nǚ'ér
1337. 女儿

nǚrén
1338. 女人

nǚshì
1339. 女士

O

ǒu'ěr
1340. 偶尔

ǒurán
1341. 偶然

P

páshān
1342. 爬山

pāi
1343. 拍

páiduì
1344. 排队

páiliè
1345. 排列

páiqiú
1346. 排球

pài
1347. 派

pánzi
1348. 盘子

pànduàn
1349. 判断

pànwàng
1350. 盼望

pángbiān
1351. 旁边

pàng
1352. 胖

pǎobù
1353. 跑步

péi
1354. 陪

péicháng
1355. 赔偿

péiyǎng
1356. 培养

pèifu
1357. 佩服

pèihé
1358. 配合

pén
1359. 盆

péngyou
1360. 朋友

pèngjiàn
1361. 碰见

pī
1362. 披

pī
1363. 批

pīpíng
1364. 批评

pīzhǔn
1365. 批准

pífū
1366. 皮肤

píxié
1367. 皮鞋

píjiǔ
1368. 啤酒

píláo
1369. 疲劳

píqi
1370. 脾气

pǐ
1371. 匹

piān
1372. 篇

piányi
1373. 便宜

piàn
1374. 骗

piàn
1375. 片

piànmiàn
1376. 片面

piāo
1377. 飘

piào
1378. 票

piàoliang
1379. 漂亮

píndào
1380. 频道

pǐnzhǒng
1381. 品种

pīngpāngqiú
1382. 乒乓球

píng
1383. 凭

píng
1384. 平

píngcháng
1385. 平常

píngděng
1386. 平等

píngfāng
1387. 平方

pínghéng
1388. 平衡

píngjìng
1389. 平静

píngjūn
1390. 平均

píngshí
1391. 平时

píngguǒ
1392. 苹果

píngjià
1393. 评价

píngzi
1394. 瓶子

pò
1395. 破

pòchǎn
1396. 破产

pòhuài
1397. 破坏

pòqiè
1398. 迫切

pútao
1399. 葡萄

pǔbiàn
1400. 普遍

pǔtōnghuà
1401. 普通话

pǔsù
1402. 朴素

Q

qī
1403. 七

qīdài
1404. 期待

qījiān
1405. 期间

qīzi
1406. 妻子

qí
1407. 骑

qícì
1408. 其次

qíshí
1409. 其实

qítā
1410. 其他

qíyú
1411. 其余

qízhōng
1412. 其中

qíguài
1413. 奇怪

qíjì
1414. 奇迹

1415.	qǐchuáng 起床	1437.	qiáng 墙	1459.	qīngshì 轻视
1416.	qǐfēi 起飞	1438.	qiángdiào 强调	1460.	qīngsōng 轻松
1417.	qǐlái 起来	1439.	qiángliè 强烈	1461.	qīngchu 清楚
1418.	qǐfā 启发	1440.	qiǎng 抢	1462.	qīngdàn 清淡
1419.	qǐtú 企图	1441.	qiāo 敲	1463.	qíng 晴
1420.	qǐyè 企业	1442.	qiāoqiāo 悄悄	1464.	qíngjǐng 情景
1421.	qìfēn 气氛	1443.	qiáo 桥	1465.	qíngkuàng 情况
1422.	qìhòu 气候	1444.	qiáo 瞧	1466.	qíngxù 情绪
1423.	qìyóu 汽油	1445.	qiǎokèlì 巧克力	1467.	qǐng 请
1424.	qiān 牵	1446.	qiǎomiào 巧妙	1468.	qǐngjià 请假
1425.	qiān 千	1447.	qiē 切	1469.	qǐngkè 请客
1426.	qiānwàn 千万	1448.	qīn'ài 亲爱	1470.	qǐngqiú 请求
1427.	qiānbǐ 铅笔	1449.	qīnqi 亲戚	1471.	qìngzhù 庆祝
1428.	qiānxū 谦虚	1450.	qīnqiè 亲切	1472.	qióng 穷
1429.	qiānzhèng 签证	1451.	qīnzì 亲自	1473.	qiū 秋
1430.	qiānzì 签字	1452.	qīnlüè 侵略	1474.	qiúmí 球迷
1431.	qián 钱	1453.	qínfèn 勤奋	1475.	qūbié 区别
1432.	qiánmiàn 前面	1454.	qínláo 勤劳	1476.	qūshì 趋势
1433.	qiántú 前途	1455.	qīng 青	1477.	qǔ 娶
1434.	qiǎn 浅	1456.	qīngchūn 青春	1478.	qǔ 取
1435.	qiàn 欠	1457.	qīngshàonián 青少年	1479.	qǔxiāo 取消
1436.	qiāng 枪	1458.	qīng 轻	1480.	qù 去

1481.	qùnián 去年	1501.	rǎng 嚷	1523.	rènwéi 认为
1482.	qùshì 去世	1502.	ràng 让	1524.	rènzhēn 认真
1483.	quān 圈	1503.	rào 绕	1525.	rēng 扔
1484.	quánbù 全部	1504.	rè 热	1526.	réngrán 仍然
1485.	quánmiàn 全面	1505.	rè'ài 热爱	1527.	rì 日
1486.	quánlì 权力	1506.	rèliè 热烈	1528.	rìcháng 日常
1487.	quánlì 权利	1507.	rènao 热闹	1529.	rìchéng 日程
1488.	quàn 劝	1508.	rèqíng 热情	1530.	rìjì 日记
1489.	quēdiǎn 缺点	1509.	rèxīn 热心	1531.	rìlì 日历
1490.	quēfá 缺乏	1510.	rén 人	1532.	rìqī 日期
1491.	quēshǎo 缺少	1511.	réncái 人才	1533.	rìyòngpǐn 日用品
1492.	què 却	1512.	rénkǒu 人口	1534.	rónghuà 融化
1493.	quèdìng 确定	1513.	rénlèi 人类	1535.	róngxìng 荣幸
1494.	quèrèn 确认	1514.	rénmínbì 人民币	1536.	róngyù 荣誉
1495.	quèshí 确实	1515.	rénshēng 人生	1537.	róngyì 容易
1496.	qún 群	1516.	rénshì 人事	1538.	rúguǒ 如果
1497.	qúnzi 裙子	1517.	rénwù 人物	1539.	rúhé 如何
		1518.	rényuán 人员	1540.	rújīn 如今
	R	1519.	rěnbuzhù 忍不住	1541.	rùkǒu 入口
1498.	rán'ér 然而	1520.	rènhé 任何	1542.	ruǎn 软
1499.	ránhòu 然后	1521.	rènwu 任务	1543.	ruǎnjiàn 软件
1500.	ránshāo 燃烧	1522.	rènshi 认识	1544.	ruò 弱

S

1545. sǎ 洒

1546. sān 三

1547. sǎn 伞

1548. sànbù 散步

1549. sǎngzi 嗓子

1550. sēnlín 森林

1551. shā 杀

1552. shāfā 沙发

1553. shāmò 沙漠

1554. shātān 沙滩

1555. shǎ 傻

1556. shài 晒

1557. shānchú 删除

1558. shǎndiàn 闪电

1559. shànliáng 善良

1560. shànyú 善于

1561. shànzi 扇子

1562. shāngdiàn 商店

1563. shāngliang 商量

1564. shāngpǐn 商品

1565. shāngyè 商业

1566. shāngxīn 伤心

1567. shàng 上

1568. shàngbān 上班

1569. shàngdàng 上当

1570. shàngwǎng 上网

1571. shàngwǔ 上午

1572. shāowēi 稍微

1573. sháozi 勺子

1574. shǎo 少

1575. shé 蛇

1576. shétou 舌头

1577. shěbude 舍不得

1578. shèbèi 设备

1579. shèjì 设计

1580. shèshī 设施

1581. shèhuì 社会

1582. shèjī 射击

1583. shèyǐng 摄影

1584. shéi 谁

1585. shēn 伸

1586. shēn 深

1587. shēnkè 深刻

1588. shēncái 身材

1589. shēnfèn 身份

1590. shēntǐ 身体

1591. shēnqǐng 申请

1592. shénhuà 神话

1593. shénjīng 神经

1594. shénmì 神秘

1595. shénme 什么

1596. shènzhì 甚至

1597. shēng 升

1598. shēngbìng 生病

1599. shēngchǎn 生产

1600. shēngdòng 生动

1601. shēnghuó 生活

1602. shēngmìng 生命

1603. shēngqì 生气

1604. shēngrì 生日

1605. shēngdiào 声调

1606. shēngyīn 声音

1607. shéngzi 绳子

1608. shěng 省

1609.	shěnglüè 省略	1631.	shíjì 实际	1653.	shìhé 适合
1610.	shèng 剩	1632.	shíjiàn 实践	1654.	shìyìng 适应
1611.	shènglì 胜利	1633.	shíxí 实习	1655.	shìjì 世纪
1612.	shī 诗	1634.	shíxiàn 实现	1656.	shìjiè 世界
1613.	shībài 失败	1635.	shíxíng 实行	1657.	shìqing 事情
1614.	shīmián 失眠	1636.	shíyàn 实验	1658.	shìshí 事实
1615.	shīqù 失去	1637.	shíyòng 实用	1659.	shìwù 事物
1616.	shīwàng 失望	1638.	shízài 实在	1660.	shìxiān 事先
1617.	shīyè 失业	1639.	shípǐn 食品	1661.	shōu 收
1618.	shīfu 师傅	1640.	shíwù 食物	1662.	shōuhuò 收获
1619.	shīrùn 湿润	1641.	shítou 石头	1663.	shōujù 收据
1620.	shīzi 狮子	1642.	shǐ 使	1664.	shōurù 收入
1621.	shí 十	1643.	shǐjìnr 使劲儿	1665.	shōushi 收拾
1622.	shífēn 十分	1644.	shǐyòng 使用	1666.	shǒubiǎo 手表
1623.	shídài 时代	1645.	shǐzhōng 始终	1667.	shǒugōng 手工
1624.	shíhou 时候	1646.	shì 是	1668.	shǒujī 手机
1625.	shíjiān 时间	1647.	shìfǒu 是否	1669.	shǒushù 手术
1626.	shíkè 时刻	1648.	shì 试	1670.	shǒutào 手套
1627.	shímáo 时髦	1649.	shìjuàn 试卷	1671.	shǒuxù 手续
1628.	shíqī 时期	1650.	shìbīng 士兵	1672.	shǒuzhǐ 手指
1629.	shíshàng 时尚	1651.	shìchǎng 市场	1673.	shǒudū 首都
1630.	shíhuà 实话	1652.	shìde 似的	1674.	shǒuxiān 首先

1675.	shòu 瘦	1697.	shùmǎ 数码	1719.	sī 撕
1676.	shòubuliǎo 受不了	1698.	shùxué 数学	1720.	sīchóu 丝绸
1677.	shòudào 受到	1699.	shùzì 数字	1721.	sīháo 丝毫
1678.	shòushāng 受伤	1700.	shuā yá 刷 牙	1722.	sījī 司机
1679.	shòuhuòyuán 售货员	1701.	shuāi 摔	1723.	sīkǎo 思考
1680.	shòumìng 寿命	1702.	shuǎi 甩	1724.	sīxiǎng 思想
1681.	shū 书	1703.	shuài 帅	1725.	sīrén 私人
1682.	shūjià 书架	1704.	shuāng 双	1726.	sǐ 死
1683.	shū 输	1705.	shuāngfāng 双方	1727.	sì 四
1684.	shūrù 输入	1706.	shuǐ 水	1728.	sìhū 似乎
1685.	shūcài 蔬菜	1707.	shuǐguǒ 水果	1729.	sìmiào 寺庙
1686.	shūfu 舒服	1708.	shuǐpíng 水平	1730.	sòng 送
1687.	shūshì 舒适	1709.	shuì 税	1731.	sùdù 速度
1688.	shūshu 叔叔	1710.	shuìjiào 睡觉	1732.	sùliàodài 塑料袋
1689.	shūzi 梳子	1711.	shùnbiàn 顺便	1733.	sùshè 宿舍
1690.	shúliàn 熟练	1712.	shùnlì 顺利	1734.	suān 酸
1691.	shúxī 熟悉	1713.	shùnxù 顺序	1735.	suàn 算
1692.	shǔbiāo 鼠标	1714.	shuōbudìng 说不定	1736.	suīrán 虽然
1693.	shǔyú 属于	1715.	shuōfú 说服	1737.	suíbiàn 随便
1694.	shù 树	1716.	shuōhuà 说话	1738.	suíshí 随时
1695.	shùjù 数据	1717.	shuōmíng 说明	1739.	suízhe 随着
1696.	shùliàng 数量	1718.	shuòshì 硕士	1740.	suì 岁

suì		tàiyáng		téng	
1741. 碎		1761. 太阳		1783. 疼	
sūnzi		tàidu		téng'ài	
1742. 孙子		1762. 态度		1784. 疼爱	
sǔnshī		tán		tī zúqiú	
1743. 损失		1763. 谈		1785. 踢 足球	
suōduǎn		tánpàn		tí	
1744. 缩短		1764. 谈判		1786. 提	
suōxiǎo		tán gāngqín		tíchàng	
1745. 缩小		1765. 弹 钢琴		1787. 提倡	
suǒ		tǎnshuài		tígāng	
1746. 锁		1766. 坦率		1788. 提纲	
suǒ		tāng		tígāo	
1747. 所		1767. 汤		1789. 提高	
suǒwèi		táng		tígōng	
1748. 所谓		1768. 糖		1790. 提供	
suǒyǐ		tǎng		tíqián	
1749. 所以		1769. 躺		1791. 提前	
suǒyǒu		tàng		tíwèn	
1750. 所有		1770. 烫		1792. 提问	
		tàng		tíxǐng	
		1771. 趟		1793. 提醒	

T

		táo		tí	
tā		1772. 桃		1794. 题	
1751. 他		táo		tímù	
tā		1773. 逃		1795. 题目	
1752. 她		táobì		tǐhuì	
tā		1774. 逃避		1796. 体会	
1753. 它		tǎolùn		tǐjī	
tǎ		1775. 讨论		1797. 体积	
1754. 塔		tǎoyàn		tǐtiē	
tái		1776. 讨厌		1798. 体贴	
1755. 抬		tào		tǐxiàn	
tái		1777. 套		1799. 体现	
1756. 台		tèbié		tǐyàn	
táijiē		1778. 特别		1800. 体验	
1757. 台阶		tèdiǎn		tǐyù	
tài		1779. 特点		1801. 体育	
1758. 太		tèshū		tiānkōng	
tàijíquán		1780. 特殊		1802. 天空	
1759. 太极拳		tèyì		tiānqì	
tàitai		1781. 特意		1803. 天气	
1760. 太太		tèzhēng		tiānzhēn	
		1782. 特征		1804. 天真	

tián
1805. 甜

tiánkòng
1806. 填空

tiányě
1807. 田野

tiáo
1808. 条

tiáojiàn
1809. 条件

tiáopí
1810. 调皮

tiáozhěng
1811. 调整

tiǎozhàn
1812. 挑战

tiàowǔ
1813. 跳舞

tīng
1814. 听

tíngzhǐ
1815. 停止

tǐng
1816. 挺

tōngcháng
1817. 通常

tōngguò
1818. 通过

tōngxùn
1819. 通讯

tōngzhī
1820. 通知

tóng
1821. 铜

tóngqíng
1822. 同情

tóngshí
1823. 同时

tóngshì
1824. 同事

tóngxué
1825. 同学

tóngyì
1826. 同意

tǒngyī
1827. 统一

tǒngzhì
1828. 统治

tòngkǔ
1829. 痛苦

tòngkuài
1830. 痛快

tóufa
1831. 头发

tóuzī
1832. 投资

tòumíng
1833. 透明

tūchū
1834. 突出

tūrán
1835. 突然

túshūguǎn
1836. 图书馆

tǔdì
1837. 土地

tǔdòu
1838. 土豆

tù
1839. 吐

tùzi
1840. 兔子

tuán
1841. 团

tuī
1842. 推

tuīchí
1843. 推迟

tuīcí
1844. 推辞

tuīguǎng
1845. 推广

tuījiàn
1846. 推荐

tuǐ
1847. 腿

tuì
1848. 退

tuìbù
1849. 退步

tuìxiū
1850. 退休

tuō
1851. 脱

W

wàzi
1852. 袜子

wāi
1853. 歪

wài
1854. 外

wàijiāo
1855. 外交

wān
1856. 弯

wán
1857. 完

wánchéng
1858. 完成

wánměi
1859. 完美

wánquán
1860. 完全

wánshàn
1861. 完善

wánzhěng
1862. 完整

wán
1863. 玩

wánjù
1864. 玩具

wǎn
1865. 碗

wǎnshang
1866. 晚上

wàn
1867. 万

wànyī
1868. 万一

1869. wángzǐ 王子

1870. wǎng 往

1871. wǎngfǎn 往返

1872. wǎngwǎng 往往

1873. wǎngqiú 网球

1874. wǎngzhàn 网站

1875. wàngjì 忘记

1876. wēihài 危害

1877. wēixiǎn 危险

1878. wēixiào 微笑

1879. wēixié 威胁

1880. wéifǎn 违反

1881. wéihù 维护

1882. wéijīn 围巾

1883. wéirào 围绕

1884. wéiyī 唯一

1885. wěiba 尾巴

1886. wěidà 伟大

1887. wěiqū 委屈

1888. wěituō 委托

1889. wèi 喂

1890. wèi 胃

1891. wèi 为

1892. wèile 为了

1893. wèi shénme 为 什么

1894. wèi 位

1895. wèizhì 位置

1896. wèibì 未必

1897. wèilái 未来

1898. wèidào 味道

1899. wèishēngjiān 卫生间

1900. wēndù 温度

1901. wēnnuǎn 温暖

1902. wēnróu 温柔

1903. wén 闻

1904. wénhuà 文化

1905. wénjiàn 文件

1906. wénjù 文具

1907. wénmíng 文明

1908. wénxué 文学

1909. wénzhāng 文章

1910. wěn 吻

1911. wěndìng 稳定

1912. wèn 问

1913. wènhòu 问候

1914. wèntí 问题

1915. wǒ 我

1916. wǒmen 我们

1917. wòshì 卧室

1918. wòshǒu 握手

1919. wūrǎn 污染

1920. wūzi 屋子

1921. wú 无

1922. wúliáo 无聊

1923. wúlùn 无论

1924. wúnài 无奈

1925. wúshù 无数

1926. wǔ 五

1927. wǔqì 武器

1928. wǔshù 武术

1929. wù 雾

1930. wùhuì 误会

1931. wùlǐ 物理

1932. wùzhì 物质

X

1933.	xī 西	1955.	xiàzài 下载	1977.	xiāngguān 相关
1934.	xīguā 西瓜	1956.	xiān 先	1978.	xiāngsì 相似
1935.	xīhóngshì 西红柿	1957.	xiānsheng 先生	1979.	xiāngtóng 相同
1936.	xīshōu 吸收	1958.	xiānyàn 鲜艳	1980.	xiāngxìn 相信
1937.	xīyǐn 吸引	1959.	xián 咸	1981.	xiángxì 详细
1938.	xīwàng 希望	1960.	xiǎnde 显得	1982.	xiǎng 响
1939.	xíguàn 习惯	1961.	xiǎnrán 显然	1983.	xiǎng 想
1940.	xǐ 洗	1962.	xiǎnshì 显示	1984.	xiǎngniàn 想念
1941.	xǐshǒujiān 洗手间	1963.	xiàn 县	1985.	xiǎngxiàng 想像
1942.	xǐyījī 洗衣机	1964.	xiàndài 现代	1986.	xiǎngshòu 享受
1943.	xǐzǎo 洗澡	1965.	xiànjīn 现金	1987.	xiàng 向
1944.	xǐhuan 喜欢	1966.	xiànshí 现实	1988.	xiàng 像
1945.	xì 系	1967.	xiànxiàng 现象	1989.	xiàng 项
1946.	xìtǒng 系统	1968.	xiànzài 现在	1990.	xiàngliàn 项链
1947.	xìjié 细节	1969.	xiànmù 羡慕	1991.	xiàngmù 项目
1948.	xìjù 戏剧	1970.	xiànzhì 限制	1992.	xiàngpí 橡皮
1949.	xiā 瞎	1971.	xiāng 香	1993.	xiàngqí 象棋
1950.	xià 吓	1972.	xiāngjiāo 香蕉	1994.	xiàngzhēng 象征
1951.	xià 夏	1973.	xiāngchǔ 相处	1995.	xiāofèi 消费
1952.	xià 下	1974.	xiāngdāng 相当	1996.	xiāohuà 消化
1953.	xiàwǔ 下午	1975.	xiāngduì 相对	1997.	xiāomiè 消灭
1954.	xià yǔ 下 雨	1976.	xiāngfǎn 相反	1998.	xiāoshī 消失

1999.	xiāoshòu 销售	2021.	xiétiáo 协调	2043.	xínglixiāng 行李箱
2000.	xiāoxi 消息	2022.	xiě 写	2044.	xíngrén 行人
2001.	xiǎo 小	2023.	xièxie 谢谢	2045.	xíngwéi 行为
2002.	xiǎochī 小吃	2024.	xīn 新	2046.	xíngchéng 形成
2003.	xiǎohuǒzi 小伙子	2025.	xīnwén 新闻	2047.	xíngróng 形容
2004.	xiǎojiě 小姐	2026.	xīnxiān 新鲜	2048.	xíngshì 形式
2005.	xiǎomài 小麦	2027.	xīnkǔ 辛苦	2049.	xíngshì 形势
2006.	xiǎoqi 小气	2028.	xīnlǐ 心理	2050.	xíngxiàng 形象
2007.	xiǎoshí 小时	2029.	xīnqíng 心情	2051.	xíngzhuàng 形状
2008.	xiǎoshuō 小说	2030.	xīnzàng 心脏	2052.	xǐng 醒
2009.	xiǎotōu 小偷	2031.	xīnshǎng 欣赏	2053.	xìng 姓
2010.	xiǎoxīn 小心	2032.	xìn 信	2054.	xìngbié 性别
2011.	xiào 笑	2033.	xìnfēng 信封	2055.	xìnggé 性格
2012.	xiàohua 笑话	2034.	xìnhào 信号	2056.	xìngzhì 性质
2013.	xiàoguǒ 效果	2035.	xìnrèn 信任	2057.	xìngfú 幸福
2014.	xiàolǜ 效率	2036.	xìnxī 信息	2058.	xìngkuī 幸亏
2015.	xiàoshun 孝顺	2037.	xìnxīn 信心	2059.	xìngyùn 幸运
2016.	xiàozhǎng 校长	2038.	xìnyòngkǎ 信用卡	2060.	xìngqù 兴趣
2017.	xiē 些	2039.	xīngfèn 兴奋	2061.	xiōng 胸
2018.	xiē 歇	2040.	xīngqī 星期	2062.	xiōngdì 兄弟
2019.	xié 斜	2041.	xíng 行	2063.	xióngmāo 熊猫
2020.	xié 鞋	2042.	xíngdòng 行动	2064.	xióngwěi 雄伟

xiū 2065. 修	xùnliàn 2087. 训练	yángtái 2107. 阳台
xiūgǎi 2066. 修改	xùnsù 2088. 迅速	yǎng 2108. 痒
xiūxi 2067. 休息		yǎngchéng 2109. 养成
xiūxián 2068. 休闲	**Y**	yàngshì 2110. 样式
xūxīn 2069. 虚心	yālì 2089. 压力	yàngzi 2111. 样子
xūyào 2070. 需要	yágāo 2090. 牙膏	yāo 2112. 腰
xǔduō 2071. 许多	Yàzhōu 2091. 亚洲	yāoqǐng 2113. 邀请
xùshù 2072. 叙述	ya 2092. 呀	yāoqiú 2114. 要求
xuānbù 2073. 宣布	yán 2093. 盐	yáo 2115. 摇
xuānchuán 2074. 宣传	yáncháng 2094. 延长	yǎo 2116. 咬
xuǎnjǔ 2075. 选举	yángé 2095. 严格	yào 2117. 药
xuǎnzé 2076. 选择	yánsù 2096. 严肃	yào 2118. 要
xuéqī 2077. 学期	yánzhòng 2097. 严重	yàobù 2119. 要不
xuésheng 2078. 学生	yánjiūshēng 2098. 研究生	yàoshi 2120. 要是
xuéshù 2079. 学术	yánsè 2099. 颜色	yàoshi 2121. 钥匙
xuéwen 2080. 学问	yǎnchū 2100. 演出	yéye 2122. 爷爷
xuéxí 2081. 学习	yǎnyuán 2101. 演员	yě 2123. 也
xuéxiào 2082. 学校	yǎnjìng 2102. 眼镜	yěxǔ 2124. 也许
xuě 2083. 雪	yǎnjing 2103. 眼睛	yè 2125. 页
xuè 2084. 血	yànhuì 2104. 宴会	yè 2126. 夜
xúnwèn 2085. 询问	yángguāng 2105. 阳光	yètǐ 2127. 液体
xúnzhǎo 2086. 寻找	yángròu 2106. 羊肉	yèwù 2128. 业务

yèyú 2129. 业余	yǐhòu 2151. 以后	yīnsù 2173. 因素
yèzi 2130. 叶子	yǐjí 2152. 以及	yīnwèi 2174. 因为
yī 2131. 一	yǐlái 2153. 以来	yīnyuè 2175. 音乐
yīfu 2132. 衣服	yǐqián 2154. 以前	yín 2176. 银
yīrán 2133. 依然	yǐwéi 2155. 以为	yínháng 2177. 银行
yīshēng 2134. 医生	yǐjīng 2156. 已经	yǐnliào 2178. 饮料
yīyuàn 2135. 医院	yǐzi 2157. 椅子	yǐnqǐ 2179. 引起
yíbèizi 2136. 一辈子	yì 2158. 亿	yìnxiàng 2180. 印象
yídàn 2137. 一旦	yìbān 2159. 一般	yīnggāi 2181. 应该
yídìng 2138. 一定	yìbiān 2160. 一边	yīngjùn 2182. 英俊
yígòng 2139. 一共	yìqǐ 2161. 一起	yīngxióng 2183. 英雄
yíhuìr 2140. 一会儿	yìzhí 2162. 一直	yíng 2184. 赢
yílù píng'ān 2141. 一路 平安	yìjiàn 2163. 意见	yíngjiē 2185. 迎接
yíqiè 2142. 一切	yìsi 2164. 意思	yíngyǎng 2186. 营养
yíyàng 2143. 一样	yìwài 2165. 意外	yíngyè 2187. 营业
yízhì 2144. 一致	yìyì 2166. 意义	yǐngxiǎng 2188. 影响
yídòng 2145. 移动	yìlùn 2167. 议论	yǐngzi 2189. 影子
yímín 2146. 移民	yìshù 2168. 艺术	yìng 2190. 硬
yíhàn 2147. 遗憾	yìwù 2169. 义务	yìngbì 2191. 硬币
yíwèn 2148. 疑问	yīn 2170. 阴	yìngjiàn 2192. 硬件
yǐ 2149. 乙	yīncǐ 2171. 因此	yìngfu 2193. 应付
yǐ 2150. 以	yīn'ér 2172. 因而	yìngpìn 2194. 应聘

2195.	yìngyòng 应用	2217.	yóuyù 犹豫	2239.	yùbào 预报
2196.	yōngbào 拥抱	2218.	yóuzhá 油炸	2240.	yùdìng 预订
2197.	yōngjǐ 拥挤	2219.	yǒu 有	2241.	yùfáng 预防
2198.	yǒnggǎn 勇敢	2220.	yǒulì 有利	2242.	yùxí 预习
2199.	yǒngqì 勇气	2221.	yǒumíng 有名	2243.	yùdào 遇到
2200.	yǒngyuǎn 永远	2222.	yǒuqù 有趣	2244.	yùmǐ 玉米
2201.	yòng 用	2223.	yǒuhǎo 友好	2245.	yuán 圆
2202.	yòngtú 用途	2224.	yǒuyì 友谊	2246.	yuán 元
2203.	yōudiǎn 优点	2225.	yòu 又	2247.	Yuándàn 元旦
2204.	yōuhuì 优惠	2226.	yòubian 右边	2248.	yuángù 缘故
2205.	yōuměi 优美	2227.	yòu'éryuán 幼儿园	2249.	yuánlái 原来
2206.	yōushì 优势	2228.	yú 鱼	2250.	yuánliàng 原谅
2207.	yōuxiù 优秀	2229.	yúkuài 愉快	2251.	yuánliào 原料
2208.	yōujiǔ 悠久	2230.	yúlè 娱乐	2252.	yuányīn 原因
2209.	yōumò 幽默	2231.	yúshì 于是	2253.	yuánzé 原则
2210.	yóu 由	2232.	yǔ 与	2254.	yuǎn 远
2211.	yóuyú 由于	2233.	yǔqí 与其	2255.	yuànwàng 愿望
2212.	yóujú 邮局	2234.	yǔfǎ 语法	2256.	yuànyì 愿意
2213.	yóulǎn 游览	2235.	yǔqì 语气	2257.	yuēhuì 约会
2214.	yóuxì 游戏	2236.	yǔyán 语言	2258.	yuè 越
2215.	yóuyǒng 游泳	2237.	yǔmáoqiú 羽毛球	2259.	yuè 月
2216.	yóuqí 尤其	2238.	yǔzhòu 宇宙	2260.	yuèliang 月亮

2261. yuèdú
阅读

2262. yūn
晕

2263. yún
云

2264. yǔnxǔ
允许

2265. yùndòng
运动

2266. yùnqi
运气

2267. yùnshū
运输

2268. yùnyòng
运用

Z

2269. zázhì
杂志

2270. zāihài
灾害

2271. zài
在

2272. zài
再

2273. zàijiàn
再见

2274. zàisān
再三

2275. zánmen
咱们

2276. zànchéng
赞成

2277. zànměi
赞美

2278. zànshí
暂时

2279. zāng
脏

2280. zāogāo
糟糕

2281. zǎoshang
早上

2282. zàochéng
造成

2283. zé
则

2284. zébèi
责备

2285. zérèn
责任

2286. zěnme
怎么

2287. zěnmeyàng
怎么样

2288. zēngjiā
增加

2289. zēngzhǎng
增长

2290. zhāi
摘

2291. zhǎi
窄

2292. zhāntiē
粘贴

2293. zhǎnkāi
展开

2294. zhǎnlǎn
展览

2295. zhàn
站

2296. zhànxiàn
占线

2297. zhànzhēng
战争

2298. zhāng
张

2299. zhǎng
长

2300. zhǎng
涨

2301. zhǎngwò
掌握

2302. zhàngfu
丈夫

2303. zhànghù
账户

2304. zhāodài
招待

2305. zhāopìn
招聘

2306. zháojí
着急

2307. zháoliáng
着凉

2308. zhǎo
找

2309. zhàokāi
召开

2310. zhàocháng
照常

2311. zhàogù
照顾

2312. zhàopiàn
照片

2313. zhàoxiàngjī
照相机

2314. zhéxué
哲学

2315. zhè   zhèr
这 （这儿）

2316. zhe
着

2317. zhēn
真

2318. zhēnlǐ
真理

2319. zhēnshí
真实

2320. zhēnzhèng
真正

2321. zhēnduì
针对

2322. zhēnxī
珍惜

2323. zhěnduàn
诊断

2324. zhěntou
枕头

zhèn 2325. 阵	zhèngqián 2347. 挣钱	zhìdù 2369. 制度
zhèndòng 2326. 振动	zhī 2348. 只	zhìzào 2370. 制造
zhēng 2327. 睁	zhī 2349. 之	zhìzuò 2371. 制作
zhēnglùn 2328. 争论	zhī 2350. 支	zhìhuì 2372. 智慧
zhēngqǔ 2329. 争取	zhīchí 2351. 支持	zhìjīn 2373. 至今
zhēngqiú 2330. 征求	zhīpiào 2352. 支票	zhìshǎo 2374. 至少
zhěnggè 2331. 整个	zhīdào 2353. 知道	zhìyú 2375. 至于
zhěnglǐ 2332. 整理	zhīshi 2354. 知识	zhìliàng 2376. 质量
zhěngqí 2333. 整齐	zhí 2355. 直	zhìliáo 2377. 治疗
zhěngtǐ 2334. 整体	zhíjiē 2356. 直接	zhìxù 2378. 秩序
zhèng 2335. 正	zhíde 2357. 值得	zhìyuànzhě 2379. 志愿者
zhèngcháng 2336. 正常	zhíwù 2358. 植物	zhōng 2380. 钟
zhènghǎo 2337. 正好	zhíxíng 2359. 执行	Zhōngguó 2381. 中国
zhèngquè 2338. 正确	zhízhào 2360. 执照	zhōngjiān 2382. 中间
zhèngshì 2339. 正式	zhíyè 2361. 职业	zhōngjiè 2383. 中介
zhèngzài 2340. 正在	zhǐ 2362. 指	Zhōngwén 2384. 中文
zhèngcè 2341. 政策	zhǐdǎo 2363. 指导	zhōngwǔ 2385. 中午
zhèngfǔ 2342. 政府	zhǐhuī 2364. 指挥	zhōngxīn 2386. 中心
zhèngzhì 2343. 政治	zhǐ 2365. 只	zhōngxún 2387. 中旬
zhèngjiàn 2344. 证件	zhǐhǎo 2366. 只好	zhōngyú 2388. 终于
zhèngjù 2345. 证据	zhǐyào 2367. 只要	zhǒng 2389. 种
zhèngmíng 2346. 证明	zhìdìng 2368. 制定	zhòng 2390. 重

2391.	zhòngdiǎn 重点	2413.	zhù 祝	2435.	zhǔnshí 准时
2392.	zhòngliàng 重量	2414.	zhùfú 祝福	2436.	zhuōzi 桌子
2393.	zhòngshì 重视	2415.	zhùhè 祝贺	2437.	zīgé 资格
2394.	zhòngyào 重要	2416.	zhùcè 注册	2438.	zījīn 资金
2395.	zhōudào 周到	2417.	zhùyì 注意	2439.	zīliào 资料
2396.	zhōumò 周末	2418.	zhùmíng 著名	2440.	zīyuán 资源
2397.	zhōuwéi 周围	2419.	zhuājǐn 抓紧	2441.	zīshì 姿势
2398.	zhū 猪	2420.	zhuānjiā 专家	2442.	zīxún 咨询
2399.	zhúbù 逐步	2421.	zhuānmén 专门	2443.	zǐ 紫
2400.	zhújiàn 逐渐	2422.	zhuānxīn 专心	2444.	zǐxì 仔细
2401.	zhúzi 竹子	2423.	zhuānyè 专业	2445.	zì 字
2402.	zhǔ 煮	2424.	zhuǎnbiàn 转变	2446.	zìdiǎn 字典
2403.	zhǔchí 主持	2425.	zhuǎngào 转告	2447.	zìmù 字幕
2404.	zhǔdòng 主动	2426.	zhuàn 赚	2448.	zìcóng 自从
2405.	zhǔguān 主观	2427.	zhuāng 装	2449.	zìdòng 自动
2406.	zhǔrén 主人	2428.	zhuāngshì 装饰	2450.	zìháo 自豪
2407.	zhǔxí 主席	2429.	zhuàng 撞	2451.	zìjǐ 自己
2408.	zhǔyào 主要	2430.	zhuàngkuàng 状况	2452.	zìjué 自觉
2409.	zhǔyi 主意	2431.	zhuàngtài 状态	2453.	zìrán 自然
2410.	zhǔzhāng 主张	2432.	zhuīqiú 追求	2454.	zìsī 自私
2411.	zhǔfù 嘱咐	2433.	zhǔnbèi 准备	2455.	zìxìn 自信
2412.	zhù 住	2434.	zhǔnquè 准确	2456.	zìxíngchē 自行车

2457.	zìyóu 自由	2479.	zuì 最
2458.	zìyuàn 自愿	2480.	zuìchū 最初
2459.	zōnghé 综合	2481.	zuìhǎo 最好
2460.	zōngjiào 宗教	2482.	zuìhòu 最后
2461.	zǒngcái 总裁	2483.	zuìjìn 最近
2462.	zǒnggòng 总共	2484.	zuìfàn 罪犯
2463.	zǒngjié 总结	2485.	zūnjìng 尊敬
2464.	zǒnglǐ 总理	2486.	zūnzhòng 尊重
2465.	zǒngshì 总是	2487.	zūnshǒu 遵守
2466.	zǒngsuàn 总算	2488.	zuótiān 昨天
2467.	zǒngtǒng 总统	2489.	zuǒbian 左边
2468.	zǒngzhī 总之	2490.	zuò 坐
2469.	zǒu 走	2491.	zuò 做
2470.	zū 租	2492.	zuò shēngyi 做 生意
2471.	zǔchéng 组成	2493.	zuò 座
2472.	zǔhé 组合	2494.	zuòwèi 座位
2473.	zǔzhī 组织	2495.	zuòpǐn 作品
2474.	zǔguó 祖国	2496.	zuòwéi 作为
2475.	zǔxiān 祖先	2497.	zuòwén 作文
2476.	zǔzhǐ 阻止	2498.	zuòyè 作业
2477.	zuǐ 嘴	2499.	zuòyòng 作用
2478.	zuì 醉	2500.	zuòzhě 作者

图书在版编目（CIP）数据

新汉语水平考试大纲HSK五级/国家汉办/孔子学院总部
编制.—北京：商务印书馆，2010
ISBN 978-7-100-06924-3

Ⅰ．新… Ⅱ．国… Ⅲ．汉语－对外汉语教学－水平考试－
考试大纲 Ⅳ．H195.2

中国版本图书馆CIP数据核字（2009）第235421号

XĪN HÀNYǓ SHUǏPÍNG KǍOSHÌ DÀGĀNG HSK WǓJÍ

新 汉 语 水 平 考 试 大 纲 HSK 五 级

国家汉办/孔子学院总部 编制

商 务 印 书 馆 出 版
（北京王府井大街36号 邮政编码 100710）
商 务 印 书 馆 发 行
北 京 瑞 古 冠 中 印 刷 厂 印 刷
ISBN 978 - 7 - 100 - 06924 - 3

2010 年 1 月第 1 版　　　　　开本 880×1240 1/16
2010 年 1 月北京第 1 次印刷　　印张 5¼

定价：55.00 元